ITALO CALVINO
LEZIONI
AMERICANE

Sei proposte per il prossimo millennio

GARZANTI

Prima edizione: giugno 1988
Quarta edizione: luglio 1988

ISBN 88-11-59815-X
© Garzanti Editore s.p.a., 1988
Printed in Italy

SIX MEMOS
FOR THE NEXT MILLENNIUM

1 - Lightness
2 - Quickness
3 - Exactitude
4 - Visibility
5 - Multiplicity
6 - Consistency

Il 6 giugno 1984 Calvino fu ufficialmente invitato dall'Università di Harvard a tenere le Charles Eliot Norton Poetry Lectures. Si tratta di un ciclo di sei conferenze che hanno luogo nel corso di un anno accademico (per Calvino sarebbe stato l'anno 1985-1986) alla Università di Harvard, Cambridge, nel Massachusetts. Il termine «Poetry» significa in questo caso ogni forma di comunicazione poetica — letteraria, musicale, figurativa — e la scelta del tema è interamente libera. Questa libertà è stato il primo problema che Calvino ha dovuto affrontare, convinto com'era di quanto sia importante la costrizione nel lavoro letterario. Dal momento in cui riuscì a definire chiaramente il tema da trattare — alcuni valori letterari da conservare nel prossimo millennio, — dedicò quasi tutto il suo tempo alla preparazione delle conferenze.

Presto diventarono un'ossessione, e un giorno mi disse di avere idee e materiali per almeno otto lezioni, e non soltanto le sei previste e obbligatorie. Conosco il titolo di quella che avrebbe potuto essere l'ottava: «Sul cominciare e sul finire» (dei romanzi), ma fino ad oggi non ho trovato il testo. Solo appunti.

Al momento di partire per gli Stati Uniti, delle sei lezioni ne aveva scritte cinque. Manca la sesta, «Consistency» e di questa solo so che si sarebbe riferito a *Bartleby* di Herman Melville. L'avrebbe scritta a Harvard. Naturalmente queste sono le conferenze che Calvino avrebbe letto. Ci sarebbe stata certamente una nuova revisione prima della stampa: non credo però che avrebbe introdotto importanti cambiamenti. Le differenze tra le prime versioni che ho letto e le ultime riguardano la struttura, non il contenuto.

Questo libro riproduce il dattiloscritto come l'ho trovato. Un giorno, non so quando, ci sarà una edizione critica dei quaderni manoscritti. Ho lasciato in inglese le parole da lui scritte direttamente in quella lingua, così come in lingua originale sono rimaste le citazioni.

Arrivo adesso al punto più difficile: il titolo.

Calvino ha lasciato questo libro senza titolo italiano. Aveva dovuto pensare prima al titolo inglese, «Six memos for the next millennium» ed era il titolo definitivo. Impossibile sapere cosa sarebbe diventato in italiano. Se mi sono decisa finalmente per *Lezioni americane* è perché in quell'ultima estate di Calvino, Pietro Citati veniva a trovarlo spesso al mattino e la prima domanda che faceva era: Come vanno le lezioni americane? e di lezioni americane si parlava.

So che questo non basta, e che Calvino preferiva dare una certa uniformità ai titoli dei suoi libri in tutte le lingue. *Palomar* era stato scelto precisamente per questa ragione. Penso anche che «for the next millennium» avrebbe fatto parte del titolo italiano: in tutti i suoi tentativi di trovare il titolo giusto in inglese cambiano le altre parole, ma «for the next millennium» c'è sempre. Ed è per quello che l'ho conservato.

Aggiungerò che il dattiloscritto si trovava sulla sua scrivania, in perfetto ordine, ogni singola conferenza in una cartella trasparente, l'insieme raccolto dentro una cartella rigida, pronto per essere messo nella valigia.

Le «Norton Lectures» presero inizio nel 1926 e sono state affidate nel tempo a personalità come T.S. Eliot, Igor Stravinsky, Jorge Luis Borges, Northrop Frye, Octavio Paz. Era la prima volta che venivano proposte a uno scrittore italiano.

Desidero esprimere la mia gratitudine a Luca Marighetti, dell'Università di Konstanz, per la profonda conoscenza dell'opera e del pensiero di Calvino, e ad Angelica Koch, sempre dell'Università di Konstanz, per l'aiuto che mi ha dato.

Esther Calvino

Siamo nel 1985: quindici anni appena ci separano dall'inizio d'un nuovo millennio. Per ora non mi pare che l'approssimarsi di questa data risvegli alcuna emozione particolare. Comunque non sono qui per parlare di futurologia, ma di letteratura. Il millennio che sta per chiudersi ha visto nascere ed espandersi le lingue moderne dell'Occidente e le letterature che di queste lingue hanno esplorato le possibilità espressive e cognitive e immaginative. È stato anche il millennio del libro, in quanto ha visto l'oggetto-libro prendere la forma che ci è familiare. Forse il segno che il millennio sta per chiudersi è la frequenza con cui ci si interroga sulla sorte della letteratura e del libro nell'era tecnologica cosiddetta postindustriale. Non mi sento d'avventurarmi in questo tipo di previsioni. La mia fiducia nel futuro della letteratura consiste nel sapere che ci sono cose che solo la letteratura può dare coi suoi mezzi specifici. Vorrei dunque dedicare queste mie conferenze ad alcuni valori o qualità o specificità della letteratura che mi stanno particolarmente a cuore, cercando di situarle nella prospettiva del nuovo millennio.

1
Leggerezza

Dedicherò la prima conferenza all'opposizione leggerezza-peso, e sosterrò le ragioni della leggerezza. Questo non vuol dire che io consideri le ragioni del peso meno valide, ma solo che sulla leggerezza penso d'aver più cose da dire.

Dopo quarant'anni che scrivo *fiction*, dopo aver esplorato varie strade e compiuto esperimenti diversi, è venuta l'ora che io cerchi una definizione complessiva per il mio lavoro; proporrei questa: la mia operazione è stata il più delle volte una sottrazione di peso; ho cercato di togliere peso ora alle figure umane, ora ai corpi celesti, ora alle città; soprattutto ho cercato di togliere peso alla struttura del racconto e al linguaggio.

In questa conferenza cercherò di spiegare — a me stesso e a voi — perché sono stato portato a considerare la leggerezza un valore anziché un difetto; quali sono gli esempi tra le opere del passato in cui riconosco il mio ideale di leggerezza; come situo questo valore nel presente e come lo proietto nel futuro.

Comincerò dall'ultimo punto. Quando ho iniziato la mia attività, il dovere di rappresentare il nostro tempo era l'imperativo categorico d'ogni giovane scrittore. Pieno di buona volontà, cercavo d'immedesimarmi nell'energia spietata che muove la storia del nostro secolo, nelle sue vicende collettive e individuali. Cercavo di cogliere una sintonia tra il movimentato spettacolo del mondo, ora drammatico ora grottesco, e il ritmo interiore picaresco e avventuroso che mi spingeva a scrivere. Presto mi sono accorto che tra i fatti della vita che avrebbero dovuto essere la mia materia prima e l'agilità scattante e tagliente che volevo animasse la mia scrittura c'era un divario che mi costava sempre più sforzo superare. Forse stavo scoprendo solo allora la pesantezza, l'inerzia, l'opacità del mondo: qualità che s'attaccano subito alla scrittura, se non si trova il modo di sfuggirle.

In certi momenti mi sembrava che il mondo stesse diventando tutto di pietra: una lenta pietrificazione più o meno avanzata a seconda delle persone e dei luoghi, ma che non risparmiava nessun aspetto della vita. Era come se nessuno potesse sfuggire allo sguardo inesorabile della Medusa.

L'unico eroe capace di tagliare la testa della Medusa è Perseo, che vola coi sandali alati, Perseo che non rivolge il suo sguardo sul volto della Gorgone ma solo sulla sua immagine riflessa nello scudo di bronzo. Ecco che Perseo mi viene in soccorso anche in questo momento, mentre mi sentivo già catturare dalla morsa di pietra, come mi succede ogni volta che tento una rievocazione storico-autobiografica. Meglio lasciare che il mio discorso si componga con le immagini della mitologia. Per tagliare la testa di Medusa senza lasciarsi pietrificare, Perseo si sostiene su ciò che vi è di più leggero, i venti e le nuvole; e spinge il suo sguardo su ciò che può rivelarglisi solo in una visione indiretta, in un'immagine catturata da uno specchio. Subito sento la tentazione di trovare in questo mito un'allegoria del rapporto del poeta col mondo, una lezione del metodo da seguire scrivendo. Ma so che ogni interpretazione impoverisce il mito e lo soffoca: coi miti non bisogna aver fretta; è meglio lasciarli depositare nella memoria, fermarsi a meditare su ogni dettaglio, ragionarci sopra senza uscire dal loro linguaggio di immagini. La lezione che possiamo trarre da un mito sta nella letteralità del racconto, non in ciò che vi aggiungiamo noi dal di fuori.

Il rapporto tra Perseo e la Gorgone è complesso: non finisce con la decapitazione del mostro. Dal sangue della Medusa nasce un cavallo alato, Pegaso; la pesantezza della pietra può essere rovesciata nel suo contrario; con un colpo di zoccolo sul Monte Elicona, Pegaso fa scaturire la fonte da cui bevono le Muse. In alcune versioni del mito, sarà Perseo a cavalcare il meraviglioso Pegaso caro alle Muse, nato dal sangue maledetto di Medusa. (Anche i sandali alati, d'altronde, provenivano dal mondo dei mostri: Perseo li aveva avuti dalle sorelle di Medusa, le Graie dall'unico occhio). Quanto alla testa mozzata, Perseo non l'abbandona ma la porta con sé, nascosta in un sacco; quando i nemici stanno per sopraffarlo, basta che egli la mostri sollevandola per la chioma di serpenti, e quella spoglia sanguinosa diventa un'arma invincibile nella mano dell'eroe: un'arma che egli usa solo in casi estremi e solo contro chi merita il castigo di diventare la statua di se stesso. Qui certo il mito vuol dirmi qualcosa, qualcosa che è implicito nelle immagini e che non si può spiegare altrimenti. Perseo riesce a padroneggiare quel volto tremendo tenendolo nascosto, come prima l'aveva vinto guardandolo nello specchio. È sempre in un rifiuto della visione diretta che sta la forza di Perseo, ma non in un rifiuto della realtà del mondo di mostri in cui gli è toccato di vivere, una realtà che egli porta con sé, che assume come proprio fardello.

Sul rapporto tra Perseo e la Medusa possiamo apprendere qualcosa di più leggendo Ovidio nelle *Metamorfosi*. Perseo ha vinto una nuova battaglia, ha massacrato a colpi di spada un mostro marino, ha liberato Andromeda. E ora si accinge a fare quello che ognuno di noi farebbe dopo un lavoraccio del genere: va a lavarsi le mani. In questi casi il suo problema è dove posare la testa di Medusa. E qui Ovidio ha dei versi (IV, 740-752) che mi paiono straordinari per spiegare quanta delicatezza d'animo sia necessaria per essere un Perseo, vincitore di mostri:

«Perché la ruvida sabbia non sciupi la testa anguicrinita (*anguiferumque caput dura ne laedat harena*), egli rende soffice il terreno con uno strato di foglie, vi stende sopra dei ramoscelli nati sott'acqua e vi depone la testa di Medusa a faccia in giù». Mi sembra che la leggerezza di cui Perseo è l'eroe non potrebbe essere meglio rappresentata che da questo gesto di rinfrescante gentilezza verso quell'essere mostruoso e tremendo ma anche in qualche modo deteriorabile, fragile. Ma la cosa più inaspettata è il miracolo che ne segue: i ramoscelli marini a contatto con la Medusa si trasformano in coralli, e le ninfe per adornarsi di coralli accorrono e avvicinano ramoscelli e alghe alla terribile testa.

Anche questo incontro d'immagini, in cui la sottile grazia del corallo sfiora l'orrore feroce della Gorgone, è così carico di suggestioni che non vorrei sciuparlo tentando commenti o interpretazioni. Quel che posso fare è avvicinare a questi versi d'Ovidio quelli d'un poeta moderno, *Piccolo testamento* di Eugenio Montale, in cui troviamo pure elementi sottilissimi che sono come emblemi della sua poesia («traccia madreperlacea di lumaca / o smeriglio di vetro calpestato») messi a confronto con uno spaventoso mostro infernale, un Lucifero dalle ali di bitume che cala sulle capitali dell'Occidente. Mai come in questa poesia scritta nel 1953, Montale ha evocato una visione così apocalittica, ma ciò che i suoi versi mettono in primo piano sono quelle minime tracce luminose che egli contrappone alla buia catastrofe («Conservane la cipria nello specchietto / quando spenta ogni lampada / la sardana si farà infernale...»). Ma come possiamo sperare di salvarci in ciò che è più fragile? Questa poesia di Montale è una professione di fede nella persistenza di ciò che più sembra destinato a perire, e nei valori morali investiti nelle tracce più tenui: «il tenue bagliore strofinato / laggiù non era quello d'un fiammifero».

Ecco che per riuscire a parlare della nostra epoca, ho dovuto fare un lungo giro, evocare la fragile Medusa di Ovidio e il bituminoso Lucifero di Montale. È difficile per un romanziere rappresentare la sua idea di leggerezza, esemplificata sui casi della vita contemporanea, se non facendone l'oggetto irraggiungibile d'una *quête* senza fine. È quanto ha fatto con evidenza e immediatezza Milan Kundera. Il suo romanzo *L'Insostenibile Leggerezza dell'Essere* è in realtà un'amara constatazione dell'Ineluttabile Pesantezza del Vivere: non solo della condizione d'oppressione disperata e *all-pervading* che è toccata in sorte al suo sventurato paese, ma d'una condizione umana comune anche a noi, pur infinitamente più fortunati. Il peso del vivere per Kundera sta in ogni forma di costrizione: la fitta rete di costrizioni pubbliche e private che finisce per avvolgere ogni esistenza con nodi sempre più stretti. Il suo romanzo ci dimostra come nella vita tutto quello che scegliamo e apprezziamo come leggero non tarda a rivelare il proprio peso insostenibile. Forse solo la vivacità e la mobilità dell'intelligenza sfuggono a questa condanna: le qualità con cui è scritto il romanzo, che appartengono a un altro universo da quello del vivere.

Nei momenti in cui il regno dell'umano mi sembra condannato alla pesantezza, penso che dovrei volare come Perseo in un altro spazio. Non sto parlando di fughe nel sogno o nell'irrazionale. Voglio dire che devo cambiare il mio approccio, devo guardare il mondo con un'altra ottica, un'altra logica, altri metodi di conoscenza e di verifica. Le immagini di leggerezza che io cerco non devono lasciarsi dissolvere come sogni dalla realtà del presente e del futuro...

Nell'universo infinito della letteratura s'aprono sempre altre vie da esplorare, nuovissime o antichissime, stili e forme che possono cambiare la nostra immagine del mondo... Ma se la letteratura non basta ad assicurarmi che non sto solo inseguendo dei sogni, cerco nella scienza alimento per le mie visioni in cui ogni pesantezza viene dissolta...

Oggi ogni ramo della scienza sembra ci voglia dimostrare che il mondo si regge su entità sottilissime: come i messaggi del DNA, gli impulsi dei neuroni, i quarks, i neutrini vaganti nello spazio dall'inizio dei tempi...

Poi, l'informatica. È vero che il software non potrebbe

esercitare i poteri della sua leggerezza se non mediante la pesantezza del hardware; ma è il software che comanda, che agisce sul mondo esterno e sulle macchine, le quali esistono solo in funzione del software, si evolvono in modo d'elaborare programmi sempre più complessi. La seconda rivoluzione industriale non si presenta come la prima con immagini schiaccianti quali presse di laminatoi o colate d'acciaio, ma come i bits d'un flusso d'informazione che corre sui circuiti sotto forma d'impulsi elettronici. Le macchine di ferro ci sono sempre, ma obbediscono ai bits senza peso.

È legittimo estrapolare dal discorso delle scienze un'immagine del mondo che corrisponda ai miei desideri? Se l'operazione che sto tentando mi attrae, è perché sento che essa potrebbe riannodarsi a un filo molto antico nella storia della poesia.

Il *De rerum natura* di Lucrezio è la prima grande opera di poesia in cui la conoscenza del mondo diventa dissoluzione della compattezza del mondo, percezione di ciò che è infinitamente minuto e mobile e leggero. Lucrezio vuole scrivere il poema della materia ma ci avverte subito che la vera realtà di questa materia è fatta di corpuscoli invisibili. È il poeta della concretezza fisica, vista nella sua sostanza permanente e immutabile, ma per prima cosa ci dice che il vuoto è altrettanto concreto che i corpi solidi. La più grande preoccupazione di Lucrezio sembra quella di evitare che il peso della materia ci schiacci. Al momento di stabilire le rigorose leggi meccaniche che determinano ogni evento, egli sente il bisogno di permettere agli atomi delle deviazioni imprevedibili dalla linea retta, tali da garantire la libertà tanto alla materia quanto agli esseri umani. La poesia dell'invisibile, la poesia delle infinite potenzialità imprevedibili, così come la poesia del nulla nascono da un poeta che non ha dubbi sulla fisicità del mondo.

Questa polverizzazione della realtà s'estende anche agli aspetti visibili, ed è là che eccelle la qualità poetica di Lucrezio: i granelli di polvere che turbinano in un raggio di sole in una stanza buia (II, 114-124); le minute conchiglie tutte simili e tutte diverse che l'onda mollemente spinge sulla *bibula harena*, sulla sabbia che s'imbeve (II, 374-376); le ragnatele che ci avvolgono senza che noi ce ne accorgiamo mentre camminiamo (III, 381-390).

Ho già citato le *Metamorfosi* d'Ovidio, un altro poema enciclopedico (scritto una cinquantina d'anni più tardi di quello di Lucrezio) che parte, anziché dalla realtà fisica, dalle favole mitologiche. Anche per Ovidio tutto può trasformarsi in nuove forme; anche per Ovidio la conoscenza del mondo è dissoluzione della compattezza del mondo; anche per Ovidio c'è una parità essenziale tra tutto ciò che esiste, contro ogni gerarchia di poteri e di valori. Se il mondo di Lucrezio è fatto d'atomi inalterabili, quello d'Ovidio è fatto di qualità, d'attributi, di forme che definiscono la diversità d'ogni cosa e pianta e animale e persona; ma questi non sono che tenui involucri d'una sostanza comune che, — se agitata da profonda passione — può trasformarsi in quel che vi è di più diverso.

È nel seguire la continuità del passaggio da una forma a un'altra che Ovidio dispiega le sue ineguagliabili doti: quando racconta come una donna s'accorge che sta trasformandosi in giuggiolo: i piedi le rimangono inchiodati per terra, una corteccia tenera sale a poco a poco e le serra le inguini; fa per strapparsi i capelli e ritrova la mano piena di foglie. O quando racconta delle dita di Aracne, agilissime nell'agglomerare e sfilacciare la lana, nel far girare il fuso, nel muovere l'ago da ricamo, e che a un tratto vediamo allungarsi in esili zampe di ragno e mettersi a tessere ragnatele.

Tanto in Lucrezio quanto in Ovidio la leggerezza è un modo di vedere il mondo che si fonda sulla filosofia e sulla scienza: le dottrine di Epicuro per Lucrezio, le dottrine di Pitagora per Ovidio (un Pitagora che, come Ovidio ce lo pre-

11

senta, somiglia molto a Budda). Ma in entrambi i casi la leggerezza è qualcosa che si crea nella scrittura, con i mezzi linguistici che sono quelli del poeta, indipendentemente dalla dottrina del filosofo che il poeta dichiara di voler seguire.

Da quanto ho detto fin qui mi pare che il concetto di leggerezza cominci a precisarsi; spero innanzitutto d'aver dimostrato che esiste una leggerezza della pensosità, così come tutti sappiamo che esiste una leggerezza della frivolezza; anzi, la leggerezza pensosa può far apparire la frivolezza come pesante e opaca.

Non potrei illustrare meglio questa idea che con una novella del *Decameron* (VI, 9) dove appare il poeta fiorentino Guido Cavalcanti. Boccaccio ci presenta Cavalcanti come un austero filosofo che passeggia meditando tra i sepolcri di marmo davanti a una chiesa. La *jeunesse dorée* fiorentina cavalcava per la città in brigate che passavano da una festa all'altra, sempre cercando occasioni d'ampliare il loro giro di scambievoli inviti. Cavalcanti non era popolare tra loro, perché, benché fosse ricco ed elegante, non accettava mai di far baldoria con loro e perché la sua misteriosa filosofia era sospettata d'empietà:

> Ora avvenne un giorno che, essendo Guido partito d'Orto San Michele e venutosene per lo Corso degli Adimari infino a San Giovanni, il quale spesse volte era suo cammino, essendo arche grandi di marmo, che oggi sono in Santa Reparata, e molte altre dintorno a San Giovanni, e egli essendo tralle colonne del porfido che vi sono e quelle arche e la porta di San Giovanni, che serrata era, messer Betto con sua brigata a caval venendo su per la piazza di Santa Reparata, vedendo Guido là tra quelle sepolture, dissero: «Andiamo a dargli briga»; e spronati i cavalli, a guisa d'uno assalto sollazzevole gli

12

furono, quasi prima che egli se ne avvedesse, sopra e cominciarongli a dire: «Guido, tu rifiuti d'esser di nostra brigata; ma ecco, quando tu avrai trovato che Idio non sia, che avrai fatto?».

A' quali Guido, da lor veggendosi chiuso, prestamente disse: «Signori, voi mi potete dire a casa vostra ciò che vi piace»; e posta la mano sopra una di quelle arche, che grandi erano, sì come colui che leggerissimo era, prese un salto e fusi gittato dall'altra parte, e sviluppatosi da loro se n'andò.

Ciò che qui ci interessa non è tanto la battuta attribuita a Cavalcanti, (che si può interpretare considerando che il preteso «epicureismo» del poeta era in realtà averroismo, per cui l'anima individuale fa parte dell'intelletto universale: le tombe sono casa vostra e non mia in quanto la morte corporea è vinta da chi s'innalza alla contemplazione universale attraverso la speculazione dell'intelletto). Ciò che ci colpisce è l'immagine visuale che Boccaccio evoca: Cavalcanti che si libera d'un salto «sì come colui che leggerissimo era».

Se volessi scegliere un simbolo augurale per l'affacciarsi al nuovo millennio, sceglierei questo: l'agile salto improvviso del poeta-filosofo che si solleva sulla pesantezza del mondo, dimostrando che la sua gravità contiene il segreto della leggerezza, mentre quella che molti credono essere la vitalità dei tempi, rumorosa, aggressiva, scalpitante e rombante, appartiene al regno della morte, come un cimitero d'automobili arrugginite.

Vorrei che conservaste quest'immagine nella mente, ora che vi parlerò di Cavalcanti poeta della leggerezza. Nelle sue poesie le «dramatis personae» più che personaggi umani sono sospiri, raggi luminosi, immagini ottiche, e soprattutto quegli impulsi o messaggi immateriali che egli chiama «spiriti». Un tema niente affatto leggero come la sofferenza d'amore, viene dissolto da Cavalcanti in entità impalpabili che si spostano tra anima sensitiva e anima intellettiva, tra cuore e mente, tra occhi e voce. Insomma, si tratta sempre di qualcosa che è contraddistinto da tre caratteristiche: 1) è leggerissimo; 2) è in movimento; 3) è un vettore d'informazione. In alcune poesie questo messaggio-messaggero è lo stesso testo poetico: nella più famosa di tutte, il poeta esiliato si rivolge alla ballata che sta scrivendo e dice: «Va tu, leggera e piana / dritt'a la donna mia». In un'altra sono gli strumenti della scrittura — penne e arnesi per far la punta alle penne — che prendono la parola: «Noi siàn le triste penne isbigottite, / le cesoiuzze e'l coltellin dolente...». In un sonetto la parola «spirito» o «spiritello» compare in ogni verso: in un'evidente autoparodia, Cavalcanti porta alle ultime conseguenze la sua predilezione per quella parola-chiave, concentrando nei 14 versi un complicato racconto astratto in cui intervengono 14 «spiriti» ognuno con una diversa funzione. In un altro sonetto, il corpo viene smembrato dalla sofferenza amorosa, ma continua a camminare come un automa «fatto di rame o di pietra o di legno». Già in un sonetto di Guinizelli la pena amorosa trasformava il poeta in una statua d'ottone: un'immagine molto concreta, che ha la forza proprio nel senso di peso che comunica. In Cavalcanti, il peso della materia si dissolve per il fatto che i materiali del simulacro umano possono essere tanti, intercambiabili; la metafora non impone un oggetto solido, e neanche la parola «pietra» arriva ad appesantire il verso. Ritroviamo quella parità di tutto ciò che esiste di cui ho parlato a proposito di Lucrezio e di Ovidio. Un maestro della critica stilistica italiana, Gianfranco Contini, la definisce «parificazione cavalcantiana dei reali».

L'esempio più felice di «parificazione dei reali», Cavalcanti lo dà in un sonetto che s'apre con una enumerazione d'immagini di bellezza, tutte destinate a essere superate dalla bellezza della donna amata:

14

Biltà di donna e di saccente core
e cavalieri armati che sien genti;
cantar d'augelli e ragionar d'amore;
adorni legni 'n mar forte correnti;

aria serena quand'apar l'albore
e bianca neve scender senza venti;
rivera d'acqua e prato d'ogni fiore;
oro, argento, azzurro 'n ornamenti:

Il verso «e bianca neve scender senza venti» è stato ripreso con poche varianti da Dante nell'*Inferno* (XIV, 30): «come di neve in alpe sanza vento». I due versi sono quasi identici, eppure esprimono due concezioni completamente diverse. In entrambi la neve senza vento evoca un movimento lieve e silenzioso. Ma qui si ferma la somiglianza e comincia la diversità. In Dante il verso è dominato dalla specificazione del luogo («in alpe»), che evoca uno scenario montagnoso. Invece in Cavalcanti l'aggettivo «bianca», che potrebbe sembrare pleonastico, unito al verbo «scendere», anch'esso del tutto prevedibile, cancellano il paesaggio in un'atmosfera di sospesa astrazione. Ma è soprattutto la prima parola a determinare il diverso significato dei due versi. In Cavalcanti la congiunzione «e» mette la neve sullo stesso piano delle altre visioni che la precedono e la seguono: una fuga di immagini, che è come un campionario delle bellezze del mondo. In Dante l'avverbio «come» rinchiude tutta la scena nella cornice d'una metafora, ma all'interno di questa cornice essa ha una sua realtà concreta, così come una realtà non meno concreta e drammatica ha il paesaggio dell'Inferno sotto una pioggia di fuoco, per illustrare il quale viene introdotta la similitudine con la neve. In Cavalcanti tutto si muove così rapidamente che non possiamo renderci conto della sua consistenza ma solo dei suoi effetti; in Dante, tutto acquista consistenza e stabilità: il peso delle cose è stabilito con esattezza. Anche quando parla di cose lievi, Dante sembra voler rendere il peso esatto di questa leggerezza: «come di neve in alpe sanza vento». Così come in un altro verso molto simile, la pesantezza d'un corpo che affonda nell'acqua e scompare è come trattenuta e attutita: «come per acqua cupa cosa grave» (*Paradiso* III, 123).

A questo punto dobbiamo ricordarci che l'idea del mondo come costituito d'atomi senza peso ci colpisce perché abbiamo esperienza del peso delle cose; così come non potremmo ammirare la leggerezza del linguaggio se non sapessimo ammirare anche il linguaggio dotato di peso.

Possiamo dire che due vocazioni opposte si contendono il campo della letteratura attraverso i secoli: l'una tende a fare del linguaggio un elemento senza peso, che aleggia sopra le cose come una nube, o meglio un pulviscolo sottile, o meglio ancora come un campo d'impulsi magnetici; l'altra tende a comunicare al linguaggio il peso, lo spessore, la concretezza delle cose, dei corpi, delle sensazioni.

Alle origini della letteratura italiana — e europea — queste due vie sono aperte da Cavalcanti e da Dante. L'opposizione vale naturalmente nelle sue linee generali, ma richiederebbe innumerevoli specificazioni, data l'enorme ricchezza di risorse di Dante e la sua straordinaria versatilità. Non è un caso che il sonetto di Dante ispirato alla più felice leggerezza («Guido, i' vorrei che tu e Lapo ed io») sia dedicato a Cavalcanti. Nella *Vita nuova*, Dante tratta la stessa materia del suo maestro e amico, e vi sono parole, motivi e concetti che si trovano in entrambi i poeti; quando Dante vuole esprimere leggerezza, anche nella *Divina Commedia*, nessuno sa farlo meglio di lui; ma la sua genialità si manifesta nel senso opposto, nell'estrarre dalla lingua tutte le possibilità sonore ed emozionali e d'evocazione di sensazioni, nel catturare nel verso il mondo in tutta la varietà dei suoi livelli e delle sue forme e dei suoi attributi, nel trasmettere il senso che il mondo è organizzato in un sistema, in un ordine, in una gerarchia dove tutto trova il suo posto. Forzando un po' la contrapposizione potrei dire che Dante dà solidità corporea anche alla più astratta speculazione intellettuale, mentre Cavalcanti dissolve la concretezza dell'esperienza tangibile in versi dal ritmo scandito, sillabato, come se il pensiero si staccasse dall'oscurità in rapide scariche elettriche.

L'essermi soffermato su Cavalcanti m'è servito a chiarire meglio (almeno a me stesso) cosa intendo per «leggerezza». La leggerezza per me si associa con la precisione e la determinazione, non con la vaghezza e l'abbandono al caso. Paul Valéry ha detto: «Il faut être léger comme l'oiseau, et non comme la plume».

Mi sono servito di Cavalcanti per esemplificare la leggerezza in almeno tre accezioni diverse:

1) un alleggerimento del linguaggio per cui i significati vengono convogliati su un tessuto verbale come senza peso, fino ad assumere la stessa rarefatta consistenza.

Lascio a voi trovare altri esempi in questa direzione. Per esempio Emily Dickinson può fornircene quanti vogliamo:

> A sepal, petal, and a thorn
> Upon a common summer's morn —
> A flask of Dew — a Bee or two —
> A Breeze — a caper in the trees —
> And I'm a Rose!

> Un sepalo ed un petalo e una spina
> In un comune mattino d'estate,
> Un fiasco di rugiada, un'ape o due,
> Una brezza,
> Un frullo in mezzo agli alberi —
> Ed io sono una rosa!

17

2) la narrazione d'un ragionamento o d'un processo psicologico in cui agiscono elementi sottili e impercettibili, o qualunque descrizione che comporti un alto grado d'astrazione.

E qui per cercare un esempio più moderno possiamo provare con Henry James, anche aprendo un suo libro a caso:

> It was as if these depths, constantly bridged over by a structure that was firm enough in spite of its lightness and of its occasional oscillation in the somewhat vertiginous air, invited on occasion, in the interest of their nerves, a dropping of the plummet and a measurement of the abyss. A difference had been made moreover, once for all, by the fact that she had, all the while, not appeared to feel the need of rebutting his charge of an idea within her that she didn't dare to express, uttered just before one of the fullest of their later discussions ended. (*The Beast in the Jungle*)

Queste profondità, costantemente unite da un ponte abbastanza solido malgrado la sua levità e le sue occasionali oscillazioni nell'aria alquanto vertiginosa, richiedevano ogni tanto, nell'interesse dei loro nervi, la calata dello scandaglio e la misurazione dell'abisso. Una differenza, inoltre, era stata creata una volta per sempre dal fatto che May, durante tutto il tempo, non parve sentire la necessità di respingere l'accusa di celare un'idea, che non osava esprimere, accusa che Marcher le mosse proprio alla fine di una delle loro ultime discussioni.

3) una immagine figurale di leggerezza che assuma un valore emblematico, come, nella novella di Boccaccio, Cavalcanti che volteggia con le sue smilze gambe sopra la pietra tombale.

Ci sono invenzioni letterarie che s'impongono alla memo-

18

ria per la loro suggestione verbale più che per le parole. La scena di Don Quijote che infilza con la lancia una pala del mulino a vento e viene trasportato in aria occupa poche righe del romanzo di Cervantes; si può dire che in essa l'autore non ha investito che in minima misura le risorse della sua scrittura; ciononostante essa resta uno dei luoghi più famosi della letteratura di tutti i tempi.

Penso che con queste indicazioni posso mettermi a sfogliare i libri della mia biblioteca in cerca d'esempi di leggerezza. In Shakespeare vado subito a cercare il punto in cui Mercuzio entra in scena: «You are a lover; borrow Cupid's wings / and soar with them above a common bound» (Tu sei innamorato: fatti prestare le ali da Cupido / e levati più alto d'un salto). Mercuzio contraddice subito Romeo che ha appena detto: «Under love's heavy burden do I sink» (io sprofondo sotto un peso d'amore). Il modo di Mercuzio di muoversi nel mondo è definito dai primi verbi che usa: *to dance, to soar, to prickle* (ballare, levarsi, pungere). La sembianza umana è una maschera, *a visor*. È appena entrato in scena e già sente il bisogno di spiegare la sua filosofia, non con un discorso teorico, ma raccontando un sogno: la Regina Mab. *Queen Mab, the fairies' midwife*, appare su una carrozza fatta con «an empty hazel-nut» (La Regina Mab, levatrice delle fate [appare su una carrozza fatta con] «un guscio di nocciola»);

> Her waggon-spokes made of long spinners' legs;
> The cover, of the wings of grasshoppers;
> The traces, of the smallest spider's web;
> The collars, of the moonshine's watery beams;
> Her whip, of cricket's bone; the lash, of film;

> Lunghe zampe di ragno sono i raggi delle sue ruote;
> d'elitre di cavalletta è il mantice; di ragnatela della più

19

sottile i finimenti; roridi raggi di luna i pettorali; manico della frusta un osso di grillo; sferza, un filo senza fine

e non dimentichiamo che questa carrozza è «drawn with a team of little atomies» (scarrozzata da un equipaggio d'atomi impalpabili): un dettaglio decisivo, mi sembra, che permette al sogno della Regina Mab di fondere atomismo lucreziano, neoplatonismo rinascimentale e *celtic-lore*.

Anche il passo danzante di Mercuzio vorremmo che ci accompagnasse fin oltre la soglia del nuovo millennio. L'epoca che fa da sfondo a *Romeo and Juliet* ha molti aspetti non troppo dissimili da quelli dei nostri tempi: le città insanguinate da contese violente non meno insensate di quelle tra Capuleti e Montecchi; la liberazione sessuale predicata dalla Nurse che non riesce a diventare modello d'amore universale; gli esperimenti di Friar Laurence condotti col generoso ottimismo della sua «filosofia naturale» ma che non si è mai sicuri se verranno usati per la vita o per la morte.

Il Rinascimento shakespeariano conosce gli influssi eterei che connettono macrocosmo e microcosmo, dal firmamento neoplatonico agli spiriti dei metalli che si trasformano nel crogiolo degli alchimisti. Le mitologie classiche possono fornire il loro repertorio di ninfe e di driadi, ma le mitologie celtiche sono certo più ricche nella imagerie delle più sottili forze naturali coi loro elfi e le loro fate. Questo sfondo culturale (penso naturalmente agli affascinanti studi di Frances Yates sulla filosofia occulta del Rinascimento e sui suoi echi nella letteratura) spiega perché in Shakespeare si possa trovare l'esemplificazione più ricca del mio tema. E non sto pensando solo a Puck e a tutta la fantasmagoria del *Dream*, o a Ariel e a tutti coloro che «are such stuff/As dreams are made on,» (noi siamo della stessa sostanza di cui son fatti i sogni,) ma soprattutto a quella speciale modulazione lirica ed esistenziale che permette di contemplare il proprio dramma come dal di fuori e dissolverlo in malinconia e ironia.

La gravità senza peso di cui ho parlato a proposito di Cavalcanti riaffiora nell'epoca di Cervantes e di Shakespeare: è quella speciale connessione tra melanconia e umorismo, che è stata studiata in *Saturn and Melancholy* da Klibansky, Panofsky, Saxl. Come la melanconia è la tristezza diventata leggera, così lo humour è il comico che ha perso la pesantezza corporea (quella dimensione della carnalità umana che pur fa grandi Boccaccio e Rabelais) e mette in dubbio l'io e il mondo e tutta la rete di relazioni che li costituiscono.

Melanconia e humour mescolati e inseparabili caratterizzano l'accento del Principe di Danimarca che abbiamo imparato a riconoscere in tutti o quasi i drammi shakespeariani sulle labbra dei tanti *avatars* del personaggio Amleto. Uno di essi, Jaques in *As You Like It*, così definisce la melanconia (atto IV, scena I):

... but it is a melancholy of my own, compounded of many simples, extracted from many objects, and indeed the sundry contemplation of my travels, which, by often rumination, wraps me in a most humorous sadness.

... è la mia peculiare malinconia composta da elementi diversi, quintessenza di varie sostanze, e più precisamente di tante differenti esperienze di viaggi durante i quali quel perpetuo ruminare mi ha sprofondato in una capricciosissima tristezza.

Non è una melanconia compatta e opaca, dunque, ma un velo di particelle minutissime d'umori e sensazioni, un pulviscolo d'atomi come tutto ciò che costituisce l'ultima sostanza della molteplicità delle cose.

Confesso che la tentazione di costruirmi uno Shakespeare seguace dell'atomismo lucreziano è per me molto forte, ma so che sarebbe arbitrario. Il primo scrittore del mondo moderno che fa esplicita professione d'una concezione atomistica dell'universo nella sua trasfigurazione fantastica, lo troviamo solo alcuni anni dopo, in Francia: Cyrano de Bergerac.

Straordinario scrittore, Cyrano, che meriterebbe d'essere più ricordato, e non solo come primo vero precursore della fantascienza, ma per le sue qualità intellettuali e poetiche. Seguace del sensismo di Gassendi e dell'astronomia di Copernico, ma soprattutto nutrito della «filosofia naturale» del Rinascimento italiano — Cardano, Bruno, Campanella — Cyrano è il primo poeta dell'atomismo nelle letterature moderne. In pagine la cui ironia non fa velo a una vera commozione cosmica, Cyrano celebra l'unità di tutte le cose, inanimate o animate, la combinatoria di figure elementari che determina la varietà delle forme viventi, e soprattutto egli rende il senso della precarietà dei processi che le hanno create: cioè quanto poco è mancato perché l'uomo non fosse l'uomo, e la vita la vita, e il mondo un mondo.

Vous vous étonnez comme cette matière, brouillée pêle-mêle, au gré du hasard, peut avoir constitué un homme, vu qu'il y avait tant de choses nécessaires à la construction de son être, mais vous ne savez pas que cent millions de fois cette matière, s'acheminant au dessein d'un homme, s'est arrêtée à former tantôt une pierre, tantôt du plomb, tantôt du corail, tantôt une fleur, tantôt une comète, pour le trop ou trop peu de certaines figures qu'il fallait ou ne fallait pas à désigner un homme? Si bien que ce n'est pas merveille qu'entre une infinie quantité de matière qui change et se remue incessamment, elle ait rencontré à faire le peu d'animaux, de végétaux, de minéraux que nous voyons; non plus que ce n'est pas merveille qu'en cent coups de dés il ar-

rive une rafle. Aussi bien est-il impossible que de ce re-
muement il ne se fasse quelque chose, et cette chose sera toujours admirée d'un étourdi qui ne saura pas combien peu s'en est fallu qu'elle n'ait pas été faite. (*Voyage
dans la lune*)

Vi meravigliate come questa materia mescolata alla
rinfusa, in balia del caso, può aver costituito un uomo,
visto che c'erano tante cose necessarie alla costruzione
del suo essere, ma non sapete che cento milioni di volte
questa materia, mentre era sul punto di produrre un uomo, si è fermata a formare ora una pietra, ora del piom-
bo, ora del corallo, ora un fiore, ora una cometa, per le
troppe o troppo poche figure che occorrevano o non occorrevano per progettare un uomo. Come non fa meraviglia che tra un'infinita quantità di materia che cambia
e si muove incessantemente, sia capitato di fare i pochi
animali, vegetali, minerali che vediamo, così come non
fa meraviglia che su cento colpi di dadi esca una pari-
glia. È pertanto impossibile che da questo lieve movimento non si faccia qualcosa, e questa cosa sarà sempre
fonte di stupore per uno sventato che non pensa quanto
poco è mancato perché non fosse fatta.

Per questa via Cyrano arriva a proclamare la fraternità degli uomini con i cavoli, e così immagina la protesta d'un ca-
volo che sta per essere tagliato:

«Homme, mon cher frère, que t'ai-je fait qui mérite
la mort? (...) Je me lève de terre, je m'épanouis, je te
tends les bras, je t'offre mes enfants en graine, et pour
récompense de ma courtoisie, tu me fais trancher la tête!».

«mio caro fratello uomo, che cosa ho fatto per meri-
tare la morte? (...) Mi sollevo da terra, mi schiudo, sten-

23

do le braccia, ti offro i miei figli in seme e, per ricompensa della mia cortesia, tu mi fai tagliare la testa!».

Se pensiamo che questa perorazione per una vera fraternità universale è stata scritta quasi centocinquant'anni prima della Rivoluzione francese, vediamo come la lentezza della coscienza umana a uscire dal suo *parochialism* antropocentrico può essere annullata in un istante dall'invenzione poetica. Tutto questo nel contesto d'un viaggio sulla luna, dove Cyrano de Bergerac supera per immaginazione i suoi più illustri predecessori, Luciano di Samosata e Ludovico Ariosto. Nella mia trattazione sulla leggerezza, Cyrano figura soprattutto per il modo in cui, prima di Newton, egli ha sentito il problema della gravitazione universale; o meglio, è il problema di sottrarsi alla forza di gravità che stimola talmente la sua fantasia da fargli inventare tutta una serie di sistemi per salire sulla luna, uno più ingegnoso dell'altro: con fiale piene di rugiada che evaporano al sole; ungendosi di midollo di bue che viene abitualmente succhiato dalla luna; con una palla calamitata lanciata in aria verticalmente ripetute volte da una navicella.

Quanto al sistema della calamita, sarà sviluppato e perfezionato da Jonathan Swift per sostenere in aria l'isola volante di Laputa. È un momento, quello dell'apparizione di Laputa in volo, in cui le due ossessioni di Swift sembra si annullino in un magico equilibrio: dico l'astrazione incorporea del razionalismo contro il quale egli dirige la sua satira, e il peso materiale della corporeità.

... and I could see the sides of it, encompassed with several gradations of Galleries and Stairs, at certain intervals, to descend from one to the other. In the lowest Gallery I beheld some People fishing with long Angling Rods, and others looking on.

... ond'io potei vederne i fianchi cinti di parecchie serie di corridoi e scalinate, a certi dati intervalli, per poter discendere da uno in altro corridoio. Nella più bassa di queste gallerie, vidi alcuni uomini che pescavano con certe lunghe canne, ed altri che stavano a guardare.

Swift è contemporaneo e avversario di Newton. Voltaire è un ammiratore di Newton, e immagina un gigante, Micromégas, che all'opposto di quelli di Swift, è definito non dalla sua corporeità ma da dimensioni espresse in cifre, da proprietà spaziali e temporali enunciate nei termini rigorosi e impassibili dei trattati scientifici. In virtù di questa logica e di questo stile, Micromégas riesce a viaggiare nello spazio da Sirio a Saturno alla Terra. Si direbbe che nelle teorie di Newton ciò che colpisce l'immaginazione letteraria non sia il condizionamento d'ogni cosa e persona alla fatalità del proprio peso, bensì l'equilibrio delle forze che permette ai corpi celesti di librarsi nello spazio.

L'immaginazione del secolo XVIII è ricca di figure sospese per aria. Non per nulla agli inizi del secolo la traduzione francese delle *Mille e una Notte* di Antoine Galland aveva aperto alla fantasia occidentale gli orizzonti del meraviglioso orientale: tappeti volanti, cavalli volanti, geni che escono da lampade.

Di questa spinta dell'immaginazione a superare ogni limite, il secolo XVIII conoscerà il culmine col volo del Barone di Münchausen su una palla di cannone, immagine che nella nostra memoria si è identificata definitivamente con l'illustrazione che è il capolavoro di Gustave Doré. Le avventure di Münchausen, che come le *Mille e una Notte* non si sa se abbiano avuto un autore, molti autori o nessuno, sono una continua sfida alla legge della gravitazione: il Barone è portato in volo dalle anatre, solleva se stesso e il cavallo tirandosi su per la coda della parrucca, scende dalla luna tenendosi a una corda più volte tagliata e riannodata durante la discesa.

Queste immagini della letteratura popolare, insieme a quelle che abbiamo visto della letteratura colta, accompagnano la fortuna letteraria delle teorie di Newton. Giacomo Leopardi a quindici anni scrive una storia dell'astronomia di straordinaria erudizione, in cui tra l'altro compendia le teorie newtoniane. La contemplazione del cielo notturno che ispirerà a Leopardi i suoi versi più belli non era solo un motivo lirico; quando parlava della luna Leopardi sapeva esattamente di cosa parlava.

Leopardi, nel suo ininterrotto ragionamento sull'insostenibile peso del vivere, dà alla felicità irraggiungibile immagini di leggerezza: gli uccelli, una voce femminile che canta da una finestra, la trasparenza dell'aria, e soprattutto la luna.

La luna, appena s'affaccia nei versi dei poeti, ha avuto sempre il potere di comunicare una sensazione di levità, di sospensione, di silenzioso e calmo incantesimo. In un primo momento volevo dedicare questa conferenza tutta alla luna: seguire le apparizioni della luna nelle letterature d'ogni tempo e paese. Poi ho deciso che la luna andava lasciata tutta a Leopardi. Perché il miracolo di Leopardi è stato di togliere al linguaggio ogni peso fino a farlo assomigliare alla luce lunare. Le numerose apparizioni della luna nelle sue poesie occupano pochi versi ma bastano a illuminare tutto il componimento di quella luce o a proiettarvi l'ombra della sua assenza.

Dolce e chiara è la notte e senza vento,
e queta sovra i tetti e in mezzo agli orti
posa la luna, e di lontan rivela
serena ogni montagna.

. . .

O graziosa luna, io mi rammento
che, or volge l'anno, sovra questo colle
io venia pien d'angoscia a rimirarti:

26

e tu pendevi allor su quella selva
siccome or fai, che tutta la rischiari.

. . .

O cara luna, al cui tranquillo raggio
danzan le lepri nelle selve...

. . .

Già tutta l'aria imbruna,
torna azzurro il sereno, e tornan l'ombre
giù da' colli e da' tetti,
al biancheggiar della recente luna.

. . .

Che fai tu, luna, in ciel? dimmi, che fai,
silenziosa luna?
Sorgi la sera, e vai,
contemplando i deserti; indi ti posi.

Molti fili si sono intrecciati nel mio discorso? Quale filo
devo tirare per trovarmi tra le mani la conclusione? C'è il filo
che collega la Luna, Leopardi, Newton, la gravitazione e la
levitazione... C'è il filo di Lucrezio, l'atomismo, la filosofia
dell'amore di Cavalcanti, la magia rinascimentale, Cyrano...
Poi c'è il filo della scrittura come metafora della sostanza
pulviscolare del mondo: già per Lucrezio le lettere erano atomi in continuo movimento che con le loro permutazioni
creavano le parole e i suoni più diversi; idea che fu ripresa da
una lunga tradizione di pensatori per cui i segreti del mondo
erano contenuti nella combinatoria dei segni della scrittura:
l'*Ars Magna* di Ramón Llull, la Kabbala dei rabbini spagnoli
e quella di Pico della Mirandola... Anche Galileo vedrà nel-

l'alfabeto il modello d'ogni combinatoria d'unità minime...
Poi Leibniz...
Devo imboccare questa strada? Ma la conclusione che mi
attende non suonerà troppo scontata? La scrittura modello
d'ogni processo della realtà... anzi, unica realtà conoscibile...
anzi, unica realtà tout-court... No, non mi metterò su questo
binario obbligato che mi porta troppo lontano dall'uso della
parola come io la intendo, come inseguimento perpetuo delle cose, adeguamento alla loro varietà infinita.

Resta ancora un filo, quello che avevo cominciato a svol-
gere all'inizio: la letteratura come funzione esistenziale, la ricerca della leggerezza come reazione al peso di vivere. Forse
anche Lucrezio, anche Ovidio erano mossi da questo bisogno: Lucrezio che cercava — o credeva di cercare — l'impas-
sibilità epicurea; Ovidio che cercava — o credeva di cercare
— la resurrezione in altre vite secondo Pitagora.

Abituato come sono a considerare la letteratura come ricerca di conoscenza, per muovermi sul terreno esistenziale ho
bisogno di considerarlo esteso all'antropologia, all'etnologia,
alla mitologia.

Alla precarietà dell'esistenza della tribù, — siccità, malat-
tie, influssi maligni — lo sciamano rispondeva annullando il
peso del suo corpo, trasportandosi in volo in un altro mondo, in un altro livello di percezione, dove poteva trovare le
forze per modificare la realtà. In secoli e civiltà più vicini a
noi, nei villaggi dove la donna sopportava il peso più grave
d'una vita di costrizioni, le streghe volavano di notte sui ma-
nici delle scope e anche su veicoli più leggeri come spighe o
fili di paglia. Prima di essere codificate dagli inquisitori queste visioni hanno fatto parte dell'immaginario popolare, o diciamo pure del vissuto. Credo che sia una costante antropo-
logica questo nesso tra levitazione desiderata e privazione
sofferta. È questo dispositivo antropologico che la letteratura
perpetua.

Prima, la letteratura orale: nelle fiabe il volo in un altro mondo è una situazione che si ripete molto spesso. Tra le «funzioni» catalogate da Propp nella *Morfologia della fiaba* esso è uno dei modi del «trasferimento dell'eroe» così definito: «Di solito l'oggetto delle ricerche si trova in un "altro" "diverso" reame, che può essere situato molto lontano in linea orizzontale o a grande altezza o profondità in senso verticale». Propp passa in seguito a elencare vari esempi del caso «*L'eroe vola attraverso l'aria*»: «a dorso di cavallo o d'uccello, in sembianza d'uccello, su una nave volante, su un tappeto volante, sulle spalle d'un gigante o d'uno spirito, nella carrozza del diavolo, ecc.».

Non mi pare una forzatura connettere questa funzione sciamanica e stregonesca documentata dall'etnologia e dal folklore con l'immaginario letterario; al contrario penso che la razionalità più profonda implicita in ogni operazione letteraria vada cercata nelle necessità antropologiche a cui essa corrisponde.

Vorrei chiudere questa conferenza ricordando un racconto di Kafka, *Der Kübelreiter* (Il cavaliere del secchio). È un breve racconto in prima persona, scritto nel 1917 e il suo punto di partenza è evidentemente una situazione ben reale in quell'inverno di guerra, il più terribile per l'impero austriaco: la mancanza di carbone. Il narratore esce col secchio vuoto in cerca di carbone per la stufa. Per la strada il secchio gli fa da cavallo, anzi lo solleva all'altezza dei primi piani e lo trasporta ondeggiando come sulla groppa d'un cammello.

La bottega del carbonaio è sotterranea e il cavaliere del secchio è troppo in alto; stenta a farsi intendere dall'uomo che sarebbe pronto ad accontentarlo, mentre la moglie non lo vuole sentire. Lui li supplica di dargli una palata del carbone più scadente, anche se non può pagare subito. La moglie del carbonaio si slega il grembiule e scaccia l'intruso come caccerebbe una mosca. Il secchio è così leggero che vola via col suo cavaliere, fino a perdersi oltre le Montagne di Ghiaccio.

29

Molti dei racconti brevi di Kafka sono misteriosi e questo lo è particolarmente. Forse Kafka voleva solo raccontarci che uscire alla ricerca d'un po' di carbone, in una fredda notte del tempo di guerra, si trasforma in *quête* di cavaliere errante, traversata di carovana nel deserto, volo magico, al semplice dondolio del secchio vuoto. Ma l'idea di questo secchio vuoto che ti solleva al di sopra del livello dove si trova l'aiuto e anche l'egoismo degli altri, il secchio vuoto segno di privazione e desiderio e ricerca, che ti eleva al punto che la tua umile preghiera non potrà più essere esaudita, — apre la via a riflessioni senza fine.

Avevo parlato dello sciamano e dell'eroe delle fiabe, della privazione sofferta che si trasforma in leggerezza e permette di volare nel regno in cui ogni mancanza sarà magicamente risarcita. Avevo parlato delle streghe che volavano su umili arnesi domestici come può essere un secchio. Ma l'eroe di questo racconto di Kafka, non sembra dotato di poteri sciamanici né stregoneschi; né il regno al di là delle Montagne di Ghiaccio sembra quello in cui il secchio vuoto troverà di che riempirsi. Tanto più che se fosse pieno non permetterebbe di volare. Così, a cavallo del nostro secchio, ci affacceremo al nuovo millennio, senza sperare di trovarvi nulla di più di quello che saremo capaci di portarvi. La leggerezza, per esempio, le cui virtù questa conferenza ha cercato d'illustrare.

2
Rapidità

Comincerò raccontandovi una vecchia leggenda.

L'imperatore Carlomagno in tarda età s'innamorò d'una ragazza tedesca. I baroni della corte erano molto preoccupati vedendo che il sovrano, tutto preso dalla sua brama amorosa, e dimentico della dignità regale trascurava gli affari dell'Impero. Quando improvvisamente la ragazza morì, i dignitari trassero un respiro di sollievo, ma per poco: perché l'amore di Carlomagno non morì con lei. L'imperatore, fatto portare il cadavere imbalsamato nella sua stanza, non voleva staccarsene. L'arcivescovo Turpino, spaventato da questa macabra passione, sospettò un incantesimo e volle esaminare il cadavere. Nascosto sotto la lingua morta, egli trovò un anello con una pietra preziosa. Dal momento in cui l'anello fu nelle mani di Turpino, Carlomagno s'affrettò a far seppellire il cadavere, e riversò il suo amore sulla persona dell'arcivescovo. Turpino, per sfuggire a quell'imbarazzante situazione gettò l'anello nel lago di Costanza. Carlomagno s'innamorò del lago e non volle più allontanarsi dalle sue rive.

Questa leggenda «tratta da un libro sulla magia» è riportata, ancor più sinteticamente di quanto non l'abbia fatto io, in un quaderno d'appunti inedito dello scrittore romantico francese Barbey d'Aurevilly. Si può leggerla nelle note dell'edizione della Pléiade delle opere di Barbey d'Aurevilly (I, p. 1315). Da quando l'ho letta, essa ha continuato a ripresentarsi alla mia mente come se l'incantesimo dell'anello continuasse ad agire attraverso il racconto.

Cerchiamo di spiegarci le ragioni per cui una storia come

questa può affascinarci. C'è una successione d'avvenimenti tutti fuori della norma che s'incatenano l'uno all'altro: l'innamoramento d'un vecchio per una giovane, un'ossessione necrofila, una propensione omosessuale, e alla fine tutto si placa in una contemplazione melanconica: il vecchio re assorto alla vista del lago. «Charlemagne, la vue attachée sur son lac de Constance, amoureux de l'abîme caché», scrive Barbey d'Aurevilly nel passo del romanzo a cui rimanda la nota che riferisce la leggenda. (*Une vieille maîtresse*)

A tenere insieme questa catena d'avvenimenti c'è un legame verbale, la parola «amore» o «passione» che stabilisce una continuità tra diverse forme d'attrazione, e c'è un legame narrativo, l'anello magico, che stabilisce tra i vari episodi un rapporto logico, di causa ed effetto. La corsa del desiderio verso un oggetto che non esiste, un'assenza, una mancanza, simboleggiata dal cerchio vuoto dell'anello, è data più dal ritmo del racconto che dai fatti narrati. Così come tutto il racconto è percorso dalla sensazione della morte in cui sembra dibattersi affannosamente Carlomagno aggrappandosi ai legami della vita, un affanno che si placa poi nella contemplazione del lago.

Il vero protagonista del racconto è, comunque, l'anello magico: perché sono i movimenti dell'anello che determinano quelli dei personaggi; e perché è l'anello che stabilisce i rapporti tra loro. Attorno all'oggetto magico si forma come un campo di forze che è il campo del racconto. Possiamo dire che l'oggetto magico è un segno riconoscibile che rende esplicito il collegamento tra persone o tra avvenimenti: una funzione narrativa di cui potremmo rintracciare la storia nelle saghe nordiche e nei romanzi cavallereschi e che continua a presentarsi nei poemi italiani del Rinascimento. Nell'*Orlando furioso* assistiamo a un'interminabile serie di scambi di spade, scudi, elmi, cavalli, ognuno dotato di proprietà caratteristiche, cosicché l'intreccio potrebbe essere descritto attraverso i cambiamenti di proprietà di un certo numero d'oggetti dotati di certi poteri, che determinano le relazioni tra un certo numero di personaggi.

Nella narrativa realistica l'elmo di Mambrino diventa la bacinella d'un barbiere, ma non perde importanza né significato; così come importantissimi sono tutti gli oggetti che Robinson Crusoe salva dal naufragio e quelli che egli fabbrica con le sue mani. Diremmo che dal momento in cui un oggetto compare in una narrazione, si carica d'una forza speciale, diventa come il polo d'un campo magnetico, un nodo d'una rete di rapporti invisibili. Il simbolismo d'un oggetto può essere più o meno esplicito, ma esiste sempre. Potremmo dire che in una narrazione un oggetto è sempre un oggetto magico.

Per tornare alla leggenda di Carlomagno, essa ha dietro di sé una tradizione nella letteratura italiana. Nelle sue «Lettere familiari» (I, 4), Petrarca racconta d'aver appreso questa «graziosa storiella» (*fabella non inamena*), cui dichiara di non credere, visitando il sepolcro di Carlomagno ad Aquisgrana. Nel latino di Petrarca, il racconto è molto più ricco di dettagli e di sensazioni (il vescovo di Colonia che, obbedendo a un miracoloso avvertimento divino, fruga col dito sotto la lingua del cadavere gelida e rigida, *sub gelida rigentique lingua*) e di commenti morali, ma io trovo molto più forte la suggestione dello scarno riassunto, dove tutto è lasciato all'immaginazione e la rapidità della successione dei fatti dà un senso d'ineluttabile.

La leggenda ricompare nel fiorito italiano del secolo XVI, in varie versioni, in cui la fase necrofila è quella che prende più sviluppo. Sebastiano Erizzo, novelliere veneziano, fa pronunciare a Carlomagno, a letto col cadavere, una lamentazione di diverse pagine. Invece, la fase omosessuale della passione per il vescovo viene solo allusa o addirittura censurata, come in uno dei più famosi trattati sull'amore del secolo XVI, quello di Giuseppe Betussi, in cui il racconto finisce col ritrovamento dell'anello. Quanto al finale, in Petrarca e nei

35

suoi continuatori italiani non si parla del lago di Costanza perché tutta l'azione si svolge ad Aquisgrana in quanto la leggenda dovrebbe spiegare le origini del palazzo e del tempio che l'imperatore vi fece costruire; l'anello viene gettato in una palude, di cui l'imperatore aspira l'odore di fango come un profumo, e «usa le acque con grande voluttà», (qui ci si ricollega ad altre leggende locali sulle origini delle fonti termali), dettagli che accentuano ancora l'effetto mortuario di tutto l'insieme.

Prima ancora, c'erano state le tradizioni medievali tedesche; studiate da Gaston Paris, che riguardano l'amore di Carlomagno per la donna morta, con varianti che ne fanno una storia molto diversa: ora l'amata è la legittima sposa dell'imperatore la quale con l'anello magico si assicura la fedeltà di lui; ora è una fata o ninfa che muore appena le viene tolto l'anello, ora è una donna che sembra viva e al toglierle l'anello si rivela un cadavere. All'origine c'è probabilmente una saga scandinava: il re norvegese Harald dorme con la moglie morta avvolta in un mantello magico che la conserva come viva.

Insomma nelle versioni medievali raccolte da Gaston Paris manca la successione a catena degli avvenimenti e nelle versioni letterarie di Petrarca e degli scrittori del Rinascimento manca la rapidità. Perciò continuo a preferire la versione riportata da Barbey d'Aurevilly, nonostante la sua rozzezza un po' *patched up*; il suo segreto sta nella economia del racconto: gli avvenimenti, indipendentemente dalla loro durata, diventano puntiformi, collegati da segmenti rettilinei, in un disegno a zigzag che corrisponde a un movimento senza sosta.

Con questo non voglio dire che la rapidità sia un valore in sé: il tempo narrativo può essere anche ritardante, o ciclico, o immobile. In ogni caso il racconto è un'operazione sulla durata, un incantesimo che agisce sullo scorrere del tempo, contraendolo o dilatandolo. In Sicilia chi racconta le fiabe usa una formula: «lu cuntu nun metti tempu», «il racconto non mette tempo» quando vuole saltare dei passaggi o indicare un intervallo di mesi o di anni. La tecnica della narrazione orale nella tradizione popolare risponde a criteri di funzionalità: trascura i dettagli che non servono ma insiste sulle ripetizioni, per esempio quando la fiaba consiste in una serie di ostacoli da superare. Il piacere infantile d'ascoltare storie sta anche nell'attesa di ciò che si ripete: situazioni, frasi, formule. Come nelle poesie e nelle canzoni le rime scandiscono il ritmo, così nelle narrazioni in prosa ci sono avvenimenti che rimano tra loro. La leggenda di Carlomagno ha un'efficacia narrativa perché è una successione d'avvenimenti che si rispondono come rime in una poesia.

Se in un'epoca della mia attività letteraria sono stato attratto dai folktales, dai fairytales, non è stato per fedeltà a una tradizione etnica (dato che le mie radici sono in un'Italia del tutto moderna e cosmopolita) né per nostalgia delle letture infantili (nella mia famiglia un bambino doveva leggere solo libri istruttivi e con qualche fondamento scientifico) ma per interesse stilistico e strutturale, per l'economia, il ritmo, la logica essenziale con cui sono raccontate. Nel mio lavoro di trascrizione delle fiabe italiane dalle registrazioni degli studiosi di folklore del secolo scorso, provavo un particolare piacere quando il testo originale era molto laconico e dovevo cercare di raccontarlo rispettandone la concisione e cercando di trarre da essa il massimo d'efficacia narrativa e di suggestione poetica. Per esempio:

Un Re s'ammalò. Vennero i medici e gli dissero: «Senta, Maestà, se vuol guarire, bisogna che lei prenda una penna dell'Orco. È un rimedio difficile, perché l'Orco tutti i cristiani che vede se li mangia».

Il Re lo disse a tutti ma nessuno ci voleva andare. Lo chiese a un suo sottoposto, molto fedele e coraggioso, e questi disse: «Andrò».

Gli insegnarono la strada: «In cima a un monte, ci sono sette buche: in una delle sette, ci sta l'Orco». L'uomo andò e lo prese il buio per la strada. Si fermò in una locanda... (*Fiabe italiane*, 57).

Nulla è detto di quale malattia soffra il re, di come mai un orco possa avere delle penne, di come siano fatte queste buche. Ma tutto ciò che è nominato ha una funzione necessaria nell'intreccio; la prima caratteristica del folktale è l'economia espressiva; le peripezie più straordinarie sono raccontate tenendo conto solo dell'essenziale; c'è sempre una battaglia contro il tempo, contro gli ostacoli che impediscono o ritardano il compimento d'un desiderio o il ristabilimento d'un bene perduto. Il tempo può fermarsi del tutto, come nel castello della bella addormentata, ma per questo basta che Charles Perrault scriva:

les broches même qui étaient au feu toutes pleines de perdrix et de faisans s'endormirent, et le feu aussi. Tout cela se fit en un moment: les fées n'étaient pas longues à leur besogne.

perfino gli spiedi ch'erano nel camino, carichi di pernici e fagiani, si addormentarono, e si addormentò anche il fuoco. Tutto ciò avvenne in un attimo: le fate sono assai svelte nelle loro faccende.

La relatività del tempo è il tema d'un folktale diffuso un po' dappertutto: il viaggio all'al di là che viene vissuto da chi lo compie come se durasse poche ore, mentre al ritorno il luogo di partenza è irriconoscibile perché sono passati anni e anni. Ricorderò en passant che alle origini della letteratura americana questo motivo ha dato origine al *Rip Van Winkle* di Washington Irving, assumendo il significato d'un mito di fondazione della vostra società basata sul cambiamento.

Questo motivo può essere inteso anche come una allegoria del tempo narrativo, della sua incommensurabilità per rapporto al tempo reale. E lo stesso significato si può riconoscere nell'operazione inversa, quella della dilatazione del tempo per proliferazione interna d'una storia all'altra, caratteristica della novellistica orientale. Sheherazade racconta una storia in cui si racconta una storia in cui si racconta una storia e così via.

L'arte che permette a Sheherazade di salvarsi la vita ogni notte sta nel saper incatenare una storia all'altra e nel sapersi interrompere al momento giusto: due operazioni sulla continuità e discontinuità del tempo. È un segreto di ritmo, una cattura del tempo che possiamo riconoscere dalle origini: nell'epica per effetto della metrica del verso, nella narrazione in prosa per gli effetti che tengono vivo il desiderio d'ascoltare il seguito.

A tutti è nota la sensazione di disagio che si prova quando qualcuno pretende di raccontare una barzelletta senza esserne capace, sbagliando gli effetti, cioè soprattutto le concatenazioni e i ritmi. Questa sensazione è evocata in una novella di Boccaccio (VI, 1) dedicata appunto all'arte del racconto orale.

Una lieta brigata di dame e cavalieri, ospiti d'una dama fiorentina in una sua villa di campagna, dopo desinare fanno una passeggiata a piedi per raggiungere un'altra amena località dei dintorni. Per rendere più agevole il cammino, uno degli uomini s'offre di raccontare una novella:

«Madonna Oretta, quando voi vogliate, io vi porterò, gran parte della via che a andare abbiamo, a cavallo con una delle belle novelle del mondo».

Al quale la donna rispuose: «Messere, anzi ve ne priego io molto, e sarammi carissimo».

Messer lo cavaliere, al quale forse non stava meglio la spada allato che 'l novellar nella lingua, udito questo, cominciò una sua novella, la quale nel vero da sé era bellissima, ma egli or tre e quatro e sei volte replicando una medesima parola e ora indietro tornando e talvolta dicendo: «Io non dissi bene» e spesso ne' nomi errando, un per un altro ponendone, fieramente la guastava: senza che egli pessimamente, secondo le qualità delle persone e gli atti che accadevano, profereva.

Di che a madonna Oretta, udendolo, spesse volte veniva un sudore e uno sfinimento di cuore, come se inferma fosse stata per terminare; la qual cosa poi che più sofferir non poté, conoscendo che il cavaliere era entrato nel pecoreccio né era per riuscirne, piacevolmente disse: «Messer, questo vostro cavallo ha troppo duro trotto, per che io vi priego che vi piaccia di pormi a piè».

La novella è un cavallo: un mezzo di trasporto, con una sua andatura, trotto o galoppo, secondo il percorso che deve compiere, ma la velocità di cui si parla è una velocità mentale. I difetti del narratore maldestro enumerati da Boccaccio sono soprattutto offese al ritmo; oltre a difetti di stile, perché non usa le espressioni appropriate ai personaggi e alle azioni, cioè a ben vedere anche nella proprietà stilistica si tratta di prontezza di adattamento, agilità dell'espressione e del pensiero.

Il cavallo come emblema della velocità anche mentale marca tutta la storia della letteratura, preannunciando tutta la problematica propria del nostro orizzonte tecnologico. L'era della velocità nei trasporti come nell'informazione, comincia con uno dei più bei saggi della letteratura inglese, *The English Mail-Coach* (Il postale inglese) di Thomas De Quincey, che nel 1849 aveva già capito tutto ciò che oggi sappiamo del mondo motorizzato e autostradale, compresi gli scontri mortali a grande velocità.

De Quincey descrive un viaggio notturno sul box di un

velocissimo mail-coach a fianco d'un gigantesco cocchiere profondamente addormentato. La perfezione tecnica del veicolo e la trasformazione del guidatore in un cieco oggetto inanimato mettono il viaggiatore in balia dell'inesorabile esattezza d'una macchina. Nell'acuità di sensazioni provocatagli da una dose di laudano, De Quincey si rende conto che i cavalli stanno correndo alla velocità di tredici miglia all'ora sul lato *destro* della strada. Questo vuol dire un disastro sicuro, non per il mail-coach velocissimo e robustissimo ma per la prima malcapitata carrozza che si troverà a procedere per quella strada in senso contrario! Difatti, in fondo alla diritta via alberata che sembra una navata di cattedrale, egli avvista un fragile calessino di vimini con una giovane coppia che viene avanti a un miglio all'ora. «Between them and eternity, to all human calculation, there is but a minute and a-half» (Fra loro e l'eternità, secondo ogni calcolo umano, c'è sì e no un minuto e mezzo). De Quincey lancia un urlo. «Mine had been the first step; the second was for the young man; the third was for God» (Io avevo compiuto il primo passo; il secondo spettava al giovanotto; il terzo a Dio).

Il racconto di questi pochi secondi è rimasto insuperato, anche nell'epoca in cui l'esperienza delle grandi velocità è diventata fondamentale nella vita umana.

Glancc of eye, thought of man, wing of angel, which of these had speed enough to sweep between the question and the answer, and divide the one from the other? Light does not tread upon the steps of light more indivisibly than did our all-conquering arrival upon the escaping efforts of the gig.

Un batter d'occhio, un pensiero, un'ala d'angelo: che cosa era abbastanza veloce per inserirsi nello spazio fra la domanda e la risposta, separando l'una dall'altra? La luce non segue le proprie orme più istantaneamente di quanto il nostro travolgente arrivo non facesse nei confronti del calesse che tentava di salvarsi.

De Quincey riesce a dare il senso d'un intervallo di tempo estremamente breve che pur può contenere insieme il calcolo dell'inevitabilità tecnica dello scontro e l'imponderabile, la parte di Dio, per cui i due veicoli non si sfiorano.

Il tema che qui ci interessa non è la velocità fisica, ma il rapporto tra velocità fisica e velocità mentale. Questo rapporto ha interessato anche un grande poeta italiano della generazione di De Quincey. Giacomo Leopardi, nella sua giovinezza quanto mai sedentaria, trovava uno dei rari momenti gioiosi quando scriveva nelle note del suo *Zibaldone*: «La velocità, per esempio, de' cavalli o veduta, o sperimentata, cioè quando essi vi trasportano (...) è piacevolissima per sé sola, cioè per la vivacità, l'energia, la forza, la vita di tal sensazione. Essa desta realmente una quasi idea dell'infinito, sublima l'anima, la fortifica...» (27 Ottobre 1821).

Nelle note dello *Zibaldone* dei mesi seguenti, Leopardi sviluppa le sue riflessioni sulla velocità e a un certo punto arriva a parlare dello stile: «La rapidità e la concisione dello stile piace perché presenta all'anima una folla d'idee simultanee, così rapidamente succedentisi, che paiono simultanee, e fanno ondeggiar l'anima in una tale abbondanza di pensieri, o d'immagini e sensazioni spirituali, ch'ella o non è capace di abbracciarle tutte, e pienamente ciascuna, o non ha tempo di restare in ozio, e priva di sensazioni. La forza dello stile poetico, che in gran parte è tutt'uno colla rapidità, non è piacevole per altro che per questi effetti, e non consiste in altro. L'eccitamento d'idee simultanee, può derivare e da ciascuna parola isolata, o propria o metaforica, e dalla loro collocazione, e dal giro della frase, e dalla soppressione stessa di altre parole o frasi ec.» (3 Novembre 1821).

La metafora del cavallo per la velocità della mente credo sia stata usata per la prima volta da Galileo Galilei. Nel *Saggiatore*, polemizzando col suo avversario che sosteneva le proprie tesi con una gran quantità di citazioni classiche, scriveva:

«Se il discorrere circa un problema difficile fosse come il portar pesi, dove molti cavalli porteranno più sacca di grano che un caval solo, io acconsentirei che i molti discorsi facessero più che un solo; ma il discorrere è come il correre, e non come il portare, ed un caval barbero solo correrà più che cento frisoni» (45).

«Discorrere», «discorso» per Galileo vuol dire ragionamento, e spesso ragionamento deduttivo. «Il discorrere è come il correre»: questa affermazione è come il programma stilistico di Galileo, stile come metodo di pensiero e come gusto letterario: la rapidità, l'agilità del ragionamento, l'economia degli argomenti, ma anche la fantasia degli esempi sono per Galileo qualità decisive del pensar bene.

A questo s'aggiunga una predilezione per il cavallo nelle metafore e nei Gedanken-Experimenten di Galileo: in uno studio che ho fatto sulla metafora negli scritti di Galileo ho contato almeno undici esempi significativi in cui Galileo parla di cavalli: come immagine di movimento, dunque come strumento d'esperimenti di cinetica, come forma della natura in tutta la sua complessità e anche in tutta la sua bellezza, come forma che scatena l'immaginazione nelle ipotesi di cavalli sottoposti alle prove più inverosimili o cresciuti fino a dimensioni gigantesche; oltre che nell'identificazione del ragionamento con la corsa: «il discorrere è come il correre».

La velocità del pensiero nel *Dialogo dei massimi sistemi* è impersonata da Sagredo, un personaggio che interviene nella discussione tra il tolemaico Simplicio e il copernicano Salviati. Salviati e Sagredo rappresentano due diverse sfaccettature del temperamento di Galileo: Salviati è il ragionatore metodologicamente rigoroso, che procede lentamente e con prudenza; Sagredo è caratterizzato dal suo «velocissimo discor-

43

so», da uno spirito più portato all'immaginazione, a trarre conseguenze non dimostrate e a spingere ogni idea alle estreme conseguenze, come quando fa ipotesi su come potrebbe essere la vita sulla luna o su cosa succederebbe se la terra si fermasse.

Sarà però Salviati a definire la scala di valori in cui Galileo situa la velocità mentale: il ragionamento istantaneo, senza *passaggi*, è quello della mente di Dio, infinitamente superiore a quella umana, che però non deve essere avvilita e considerata nulla, in quanto è creata da Dio, e procedendo passo passo ha compreso e investigato e compiuto cose meravigliose. A questo punto interviene Sagredo, con l'elogio della più grande invenzione umana, quella dell'alfabeto: (*Dialogo dei massimi sistemi*, fine della Giornata prima):

> Ma sopra tutte le invenzioni stupende, qual eminenza di mente fu quella di colui che s'immaginò di trovar modo di comunicare i suoi più reconditi pensieri a qualsivoglia altra persona, benché distante per lunghissimo intervallo di luogo e di tempo? parlare con quelli che son nell'Indie, parlare a quelli che non sono ancora nati né saranno se non di qua a mille e dieci mila anni? e con qual facilità? con i vari accozzamenti di venti caratteruzzi sopra una carta.

Nella mia precedente conferenza sulla leggerezza avevo citato Lucrezio che vedeva nella combinatoria dell'alfabeto il modello dell'impalpabile struttura atomica della materia; oggi cito Galileo che vedeva nella combinatoria alfabetica («i vari accozzamenti di venti caratteruzzi») lo strumento insuperabile della comunicazione. Comunicazione tra persone lontane nello spazio e nel tempo, dice Galileo; ma occorre aggiungere comunicazione immediata che la scrittura stabilisce tra ogni cosa esistente o possibile.

Dato che in ognuna di queste conferenze mi sono propo-

sto di raccomandare al prossimo millennio un valore che mi
sta a cuore, oggi il valore che voglio raccomandare è proprio
questo: in un'epoca in cui altri *media* velocissimi e di estesis-
simo raggio trionfano, e rischiano d'appiattire ogni comunicazione in una crosta uniforme e omogenea, la funzione della
letteratura è la comunicazione tra ciò che è diverso in quanto
è diverso, non ottundendone bensì esaltandone la differenza,
secondo la vocazione propria del linguaggio scritto.

Il secolo della motorizzazione ha imposto la velocità come
un valore misurabile, i cui records segnano la storia del pro-
gresso delle macchine e degli uomini. Ma la velocità mentale
non può essere misurata e non permette confronti o gare, né
può disporre i propri risultati in una prospettiva storica. La
velocità mentale vale per sé, per il piacere che provoca in chi
è sensibile a questo piacere, non per l'utilità pratica che si
possa ricavarne. Un ragionamento veloce non è necessariamente migliore d'un ragionamento ponderato; tutt'altro; ma
comunica qualcosa di speciale che sta proprio nella sua sveltezza.

Ogni valore che scelgo come tema delle mie conferenze,
l'ho detto in principio, non pretende d'escludere il valore
contrario: come nel mio elogio della leggerezza era implicito
il mio rispetto per il peso, così questa apologia della rapidità
non pretende di negare i piaceri dell'indugio. La letteratura
ha elaborato varie tecniche per ritardare la corsa del tempo:
ho già ricordato l'iterazione; mi resta da accennare alla digressione.

Nella vita pratica il tempo è una ricchezza di cui siamo
avari; in letteratura, il tempo è una ricchezza di cui disporre
con agio e distacco: non si tratta d'arrivare prima a un tra-
guardo stabilito; al contrario l'economia di tempo è una buona cosa perché più tempo risparmiamo, più tempo potremo
perdere. La rapidità dello stile e del pensiero vuol dire soprattutto agilità, mobilità, disinvoltura; tutte qualità che
s'accordano con una scrittura pronta alle divagazioni, a salta-

45

re da un argomento all'altro, a perdere il filo cento volte e a ritrovarlo dopo cento giravolte.

La grande invenzione di Laurence Sterne è stata il romanzo tutto fatto di digressioni; un esempio che sarà subito seguito da Diderot. La divagazione o digressione è una strategia per rinviare la conclusione, una moltiplicazione del tempo all'interno dell'opera, una fuga perpetua; fuga da che cosa? Dalla morte, certamente, dice in una sua introduzione al *Tristram Shandy* uno scrittore italiano, Carlo Levi, che pochi immaginerebbero come un ammiratore di Sterne, mentre invece il suo segreto era proprio quello di portare uno spirito divagante e il senso d'un tempo illimitato anche nell'osservazione dei problemi sociali.

L'orologio è il primo simbolo di Shandy, — scriveva Carlo Levi, — sotto il suo influsso egli viene generato, ed iniziano le sue disgrazie, che sono tutt'uno con questo segno del tempo. La morte sta nascosta negli orologi, come diceva il Belli; e l'infelicità della vita individuale, di questo frammento, di questa cosa scissa e disgregata, e priva di totalità: la morte, che è il tempo, il tempo della individuazione, della separazione, l'astratto tempo che rotola verso la sua fine. Tristram Shandy non vuol nascere, perché non vuol morire. Tutti i mezzi, tutte le armi sono buone per salvarsi dalla morte e dal tempo. Se la linea retta è la più breve fra due punti fatali e inevitabili, le digressioni la allungheranno: e se queste digressioni diventeranno così complesse, aggrovigliate, tortuose, così rapide da far perdere le proprie tracce, chissà che la morte non ci trovi più, che il tempo si smarrisca, e che possiamo restare celati nei mutevoli nascondigli.

Parole che mi fanno riflettere. Perché io non sono un cultore della divagazione; potrei dire che preferisco affidarmi al-

46

la linea retta, nella speranza che continui all'infinito e mi renda irraggiungibile. Preferisco calcolare lungamente la mia traiettoria di fuga, aspettando di potermi lanciare come una freccia e scomparire all'orizzonte. Oppure, se troppi ostacoli mi sbarrano il cammino, calcolare la serie di segmenti rettilinei che mi portino fuori dal labirinto nel più breve tempo possibile.

Già dalla mia giovinezza ho scelto come mio motto l'antica massima latina *Festina lente*, affrettati lentamente. Forse più che le parole e il concetto è stata la suggestione degli emblemi ad attrarmi. Ricorderete quello del grande editore umanista veneziano, Aldo Manuzio, che su ogni frontespizio simboleggiava il motto *Festina lente* in un delfino che guizza sinuoso attorno a un'àncora. L'intensità e la costanza del lavoro intellettuale sono rappresentate in quell'elegante marchio grafico che Erasmo da Rotterdam commentò in pagine memorabili. Ma delfino e àncora appartengono a un mondo omogeneo d'immagini marine; e io ho sempre preferito gli emblemi che mettono insieme figure incongrue ed enigmatiche come rebus. Come la farfalla e il granchio che illustrano il *Festina lente* nella raccolta d'emblemi cinquecenteschi di Paolo Giovio, due forme animali entrambe bizzarre ed entrambe simmetriche, che stabiliscono tra loro un'inattesa armonia.

Il mio lavoro di scrittore è stato teso fin dagli inizi a inseguire il fulmineo percorso dei circuiti mentali che catturano e collegano punti lontani dello spazio e del tempo. Nella mia predilezione per l'avventura e la fiaba cercavo sempre l'equivalente d'un'energia interiore, d'un movimento della mente. Ho puntato sull'immagine, e sul movimento che dall'immagine scaturisce naturalmente, pur sempre sapendo che non si può parlare d'un risultato letterario finché questa corrente dell'immaginazione non è diventata parola. Come per il poeta in versi così per lo scrittore in prosa, la riuscita sta nella felicità dell'espressione verbale, che in qualche caso po-

trà realizzarsi per folgorazione improvvisa, ma che di regola vuol dire una paziente ricerca del «mot juste», della frase in cui ogni parola è insostituibile, dell'accostamento di suoni e di concetti più efficace e denso di significato. Sono convinto che scrivere prosa non dovrebbe essere diverso dallo scrivere poesia; in entrambi i casi è ricerca d'un'espressione necessaria, unica, densa, concisa, memorabile.

È difficile mantenere questo tipo di tensione in opere molto lunghe: e d'altronde il mio temperamento mi porta a realizzarmi meglio in testi brevi: la mia opera è fatta in gran parte di «short stories». Per esempio il tipo d'operazione che ho sperimentato in *Le cosmicomiche* e *Ti con zero*, dando evidenza narrativa a idee astratte dello spazio e del tempo, non potrebbe realizzarsi che nel breve arco della short story. Ma ho provato anche componimenti più brevi ancora, con uno sviluppo narrativo più ridotto, tra l'apologo e il petit-poème-en-prose, nelle *Città invisibili* e ora nelle descrizioni di *Palomar*. Certo la lunghezza o la brevità del testo sono criteri esteriori, ma io parlo d'una particolare densità che, anche se può essere raggiunta pure in narrazioni di largo respiro, ha comunque la sua misura nella singola pagina.

In questa predilezione per le forme brevi non faccio che seguire la vera vocazione della letteratura italiana, povera di romanzieri ma sempre ricca di poeti, i quali anche quando scrivono in prosa danno il meglio di sé in testi in cui il massimo di invenzione e di pensiero è contenuto in poche pagine, come quel libro senza uguali in altre letterature che è le *Operette morali* di Leopardi.

La letteratura americana ha una gloriosa tradizione di short stories tuttora viva, anzi direi che sono tra le short stories i suoi gioielli insuperabili. Ma la bipartizione rigida della classificazione editoriale — o *short stories* o *novel* — lascia fuori altre possibilità di forme brevi, quali pure sono presenti nell'opera in prosa dei grandi poeti americani, dai *Specimen Days* di Walt Whitman a molte pagine di William Carlos

Williams. La domanda del mercato librario è un feticcio che non deve immobilizzare la sperimentazione di forme nuove. Vorrei qui spezzare una lancia in favore della ricchezza delle forme brevi, con ciò che esse presuppongono come stile e come densità di contenuti. Penso al Paul Valéry di *Monsieur Teste* e di molti suoi saggi, ai poemetti in prosa sugli oggetti di Francis Ponge, alle esplorazioni di se stesso e del proprio linguaggio di Michel Leiris, allo humour misterioso e allucinato di Henry Michaux nei brevissimi racconti di *Plume*.

L'ultima grande invenzione d'un genere letterario a cui abbiamo assistito è stata compiuta da un maestro dello scrivere breve, Jorge Luis Borges, ed è stata l'invenzione di se stesso come narratore, l'uovo di Colombo che gli ha permesso di superare il blocco che gli impediva, fin verso i quarant'anni, di passare dalla prosa saggistica alla prosa narrativa. L'idea di Borges è stata di fingere che il libro che voleva scrivere fosse già scritto, scritto da un altro, da un ipotetico autore sconosciuto, un autore d'un'altra lingua, d'un'altra cultura, — e descrivere, riassumere, recensire questo libro ipotetico. Fa parte della leggenda di Borges l'aneddoto che il primo straordinario racconto scritto con questa formula, *El acercamiento a Almotásim*, quando apparve nella rivista «Sur» nel 1940, fu creduto davvero una recensione a un libro d'autore indiano. Così come fa parte dei luoghi obbligati della critica su Borges osservare che ogni suo testo raddoppia o moltiplica il proprio spazio attraverso altri libri d'una biblioteca immaginaria o reale, letture classiche o erudite o semplicemente inventate. Ciò che più m'interessa sottolineare è come Borges realizzi le sue aperture verso l'infinito senza la minima congestione, nel periodare più cristallino e sobrio e arioso; come il raccontare sinteticamente e di scorcio porti a un linguaggio tutto precisione e concretezza, la cui inventiva si manifesta nella varietà dei ritmi, delle movenze sintattiche, degli aggettivi sempre inaspettati e sorprendenti. Nasce con Borges una letteratura elevata al quadrato e nello stesso tempo una letteratura come estrazione della radice quadrata di se stessa: una «letteratura potenziale», per usare un termine che sarà applicato più tardi in Francia, ma i cui preannunci possono essere trovati in *Ficciones*, negli spunti e formule di quelle che avrebbero potuto essere le opere di un ipotetico autore chiamato Herbert Quain.

La concisione è solo un aspetto del tema che volevo trattare, e mi limiterò a dirvi che sogno immense cosmologie, saghe ed epopee racchiuse nelle dimensioni d'un epigramma. Nei tempi sempre più congestionati che ci attendono, il bisogno di letteratura dovrà puntare sulla massima concentrazione della poesia e del pensiero.

Borges e Bioy Casares hanno raccolto un'antologia di *Racconti brevi e straordinari*. Io vorrei mettere insieme una collezione di racconti d'una sola frase, o d'una sola riga, se possibile. Ma finora non ne ho trovato nessuno che superi quello dello scrittore guatemalteco Augusto Monterroso: «Cuando despertó, el dinosaurio todavía estaba allí».

Mi rendo conto che questa conferenza, fondata sulle connessioni invisibili, si è ramificata in diverse direzioni rischiando la dispersione. Ma tutti i temi che ho trattato questa sera, e forse anche quelli della volta scorsa, possono essere unificati in quanto su di essi regna un dio dell'Olimpo cui io tributo un culto speciale: Hermes-Mercurio, dio della comunicazione e delle mediazioni, sotto il nome di Toth inventore della scrittura, e che, a quanto ci dice C.G. Jung nei suoi studi sulla simbologia alchimistica, come «spirito Mercurio» rappresenta anche il *principium individuationis*.

Mercurio, con le ali ai piedi, leggero e aereo, abile e agile e adattabile e disinvolto, stabilisce le relazioni degli dèi tra loro e quelle tra gli dèi e gli uomini, tra le leggi universali e i casi individuali, tra le forze della natura e le forme della cultura, tra tutti gli oggetti del mondo e tra tutti i soggetti pensanti. Quale migliore patrono potrei scegliere per la mia proposta di letteratura?

Nella sapienza antica in cui microcosmo e macrocosmo si specchiano nelle corrispondenze tra psicologia e astrologia, tra umori, temperamenti, pianeti, costellazioni, lo statuto di Mercurio è il più indefinito e oscillante. Ma secondo l'opinione più diffusa, il temperamento influenzato da Mercurio, portato agli scambi e ai commerci e alla destrezza, si contrappone al temperamento influenzato da Saturno, melanconico, contemplativo, solitario. Dall'antichità si ritiene che il temperamento saturnino sia proprio degli artisti, dei poeti, dei cogitatori, e mi pare che questa caratterizzazione risponda al vero. Certo la letteratura non sarebbe mai esistita se una parte degli esseri umani non fosse stata incline a una forte introversione, a una scontentezza per il mondo com'è, a un dimenticarsi delle ore e dei giorni fissando lo sguardo sull'immobilità delle parole mute. Certo il mio carattere corrisponde alle caratteristiche tradizionali della categoria a cui appartengo: sono sempre stato anch'io un saturnino, qualsiasi maschera diversa abbia cercato d'indossare. Il mio culto di Mercurio corrisponde forse solo a un'aspirazione, a un voler essere: sono un saturnino che sogna di essere mercuriale, e tutto ciò che scrivo risente di queste due spinte.

Ma se Saturno-Cronos esercita un suo potere su di me, è pur vero che non è mai stato una divinità di mia devozione; non ho mai nutrito per lui altro sentimento che un rispettoso timore. C'è invece un altro dio che ha con Saturno legami d'affinità e di parentela a cui mi sento molto affezionato, un dio che non gode d'altrettanto prestigio astrologico e quindi psicologico non essendo il titolare d'uno dei sette pianeti del cielo degli antichi, ma che pur gode d'una gran fortuna letteraria fin dai tempi d'Omero: parlo di Vulcano-Efesto, dio che non spazia nei cieli ma si rintana nel fondo dei crateri, chiuso nella sua fucina dove fabbrica instancabilmente oggetti rifiniti in ogni particolare, gioielli e ornamenti per le dee e gli dèi, armi, scudi, reti, trappole. Vulcano che contrappone al volo aereo di Mercurio l'andatura discontinua del suo passo claudicante e il battere cadenzato del suo martello.

Anche qui devo riferirmi a una lettura occasionale, ma alle volte idee chiarificanti nascono dalla lettura di libri strani e difficilmente classificabili dal punto di vista del rigore accademico. Il libro in questione, che ho letto quando studiavo la simbologia dei tarocchi, si intitola *Histoire de notre image*, di André Virel (Genève, 1965). Secondo l'autore, uno studioso dell'immaginario collettivo di scuola — credo — junghiana, Mercurio e Vulcano rappresentano le due funzioni vitali inseparabili e complementari: Mercurio la *sintonia*, ossia la partecipazione al mondo intorno a noi; Vulcano la *focalità*, ossia la concentrazione costruttiva. Mercurio e Vulcano sono entrambi figli di Giove, il cui regno è quello della coscienza individualizzata e socializzata, ma per parte di madre Mercurio discende da Urano, il cui regno era quello del tempo «ciclofrenico» della continuità indifferenziata, e Vulcano discende da Saturno, il cui regno era quello del tempo «schizofrenico» dell'isolamento egocentrico. Saturno aveva detronizzato Urano, Giove aveva detronizzato Saturno; alla fine nel regno equilibrato e luminoso di Giove, Mercurio e Vulcano portano ognuno il ricordo d'uno degli oscuri regni primordiali, trasformando ciò che era malattia distruttiva in qualità positiva: sintonia e focalità.

Da quando ho letto questa spiegazione della contrapposizione e complementarità tra Mercurio e Vulcano, ho cominciato a capire qualcosa che prima d'allora avevo solo intuito confusamente: qualcosa su di me, su come sono e su come vorrei essere, su come scrivo e come potrei scrivere. La concentrazione e la craftsmanship di Vulcano sono le condizioni necessarie per scrivere le avventure e le metamorfosi di Mercurio. La mobilità e la sveltezza di Mercurio sono le condizioni necessarie perché le fatiche interminabili di Vulcano diventino portatrici di significato, e dalla ganga minerale informe prendano forma gli attributi degli dei, cetre o tridenti, lance o diademi. Il lavoro dello scrittore deve tener conto di tempi diversi: il tempo di Mercurio e il tempo di Vulcano, un messaggio d'immediatezza ottenuto a forza d'aggiustamenti pazienti e meticolosi; un'intuizione istantanea che appena formulata assume la definitività di ciò che non poteva essere altrimenti; ma anche il tempo che scorre senza altro intento che lasciare che i sentimenti e i pensieri si sedimentino, maturino, si distacchino da ogni impazienza e da ogni contingenza effimera.

Ho cominciato questa conferenza raccontando una storia, lasciatemi finire con un'altra storia. È una storia cinese.

Tra le molte virtù di Chuang-Tzu c'era l'abilità nel disegno. Il re gli chiese il disegno d'un granchio. Chuang-Tzu disse che aveva bisogno di cinque anni di tempo e d'una villa con dodici servitori. Dopo cinque anni il disegno non era ancora cominciato. «Ho bisogno di altri cinque anni» disse Chuang-Tzu. Il re glieli accordò. Allo scadere dei dieci anni, Chuang-Tzu prese il pennello e in un istante, con un solo gesto, disegnò un granchio, il più perfetto granchio che si fosse mai visto.

3
Esattezza

La precisione per gli antichi Egizi era simboleggiata da una piuma che serviva da peso sul piatto della bilancia dove si pesano le anime. Quella piuma leggera aveva nome Maat, dea della bilancia. Il geroglifico di Maat indicava anche l'unità di lunghezza, i 33 centimetri del mattone unitario, e anche il tono fondamentale del flauto.

Queste notizie provengono da una conferenza di Giorgio de Santillana sulla precisione degli antichi nell'osservare i fenomeni celesti: una conferenza che ascoltai in Italia nel 1963 e che ebbe una profonda influenza su di me. Da quando sono qui ripenso spesso a Santillana, perché fu lui a farmi da guida nel Massachusetts al tempo della mia prima visita in questo paese nel 1960. In memoria della sua amicizia, apro questa conferenza sull'esattezza in letteratura col nome di Maat, dea della bilancia. Tanto più che la Bilancia è il mio segno zodiacale.

Cercherò prima di tutto di definire il mio tema. Esattezza vuol dire per me soprattutto tre cose:

1) un disegno dell'opera ben definito e ben calcolato;

2) l'evocazione d'immagini visuali nitide, incisive, memorabili; in italiano abbiamo un aggettivo che non esiste in inglese, «icastico», dal greco εἰκαστικός;

3) un linguaggio il più preciso possibile come lessico e come resa delle sfumature del pensiero e dell'immaginazione.

Perché sento il bisogno di difendere dei valori che a molti potranno sembrare ovvii? Credo che la mia prima spinta venga da una mia ipersensibilità o allergia: mi sembra che il linguaggio venga sempre usato in modo approssimativo, casuale, sbadato, e ne provo un fastidio intollerabile. Non si creda che questa mia reazione corrisponda a un'intolleranza per il prossimo: il fastidio peggiore lo provo sentendo parlare me stesso. Per questo cerco di parlare il meno possibile, e se preferisco scrivere è perché scrivendo posso correggere ogni frase tante volte quanto è necessario per arrivare non dico a essere soddisfatto delle mie parole, ma almeno a eliminare le ragioni d'insoddisfazione di cui posso rendermi conto. La letteratura — dico la letteratura che risponde a queste esigenze — è la Terra Promessa in cui il linguaggio diventa quello che veramente dovrebbe essere.

Alle volte mi sembra che un'epidemia pestilenziale abbia colpito l'umanità nella facoltà che più la caratterizza, cioè l'uso della parola, una peste del linguaggio che si manifesta come perdita di forza conoscitiva e di immediatezza, come automatismo che tende a livellare l'espressione sulle formule più generiche, anonime, astratte, a diluire i significati, a smussare le punte espressive, a spegnere ogni scintilla che sprizzi dallo scontro delle parole con nuove circostanze.

Non m'interessa qui chiedermi se le origini di quest'epidemia siano da ricercare nella politica, nell'ideologia, nell'uniformità burocratica, nell'omogeneizzazione dei mass-media, nella diffusione scolastica della media cultura. Quel che mi interessa sono le possibilità di salute. La letteratura (e forse solo la letteratura) può creare degli anticorpi che contrastino l'espandersi della peste del linguaggio.

Vorrei aggiungere che non è soltanto il linguaggio che mi sembra colpito da questa peste. Anche le immagini, per esempio. Viviamo sotto una pioggia ininterrotta d'immagini; i più potenti media non fanno che trasformare il mondo in immagini e moltiplicarlo attraverso una fantasmagoria di giochi di specchi: immagini che in gran parte sono prive della necessità interna che dovrebbe caratterizzare ogni immagine, come forma e come significato, come forza d'imporsi all'attenzione, come ricchezza di significati possibili. Gran parte di questa nuvola d'immagini si dissolve immediatamente come i sogni che non lasciano traccia nella memoria; ma non si dissolve una sensazione d'estraneità e di disagio.

Ma forse l'inconsistenza non è nelle immagini o nel linguaggio soltanto: è nel mondo. La peste colpisce anche la vita delle persone e la storia delle nazioni, rende tutte le storie informi, casuali, confuse, senza principio né fine. Il mio disagio è per la perdita di forma che constato nella vita, e a cui cerco d'opporre l'unica difesa che riesco a concepire: un'idea della letteratura.

Dunque posso definire anche negativamente il valore che mi propongo di difendere. Resta da vedere se con argomenti altrettanto convincenti non si possa difendere anche la tesi contraria. Per esempio, Giacomo Leopardi sosteneva che il linguaggio è tanto più poetico quanto più è vago, impreciso.

(Noterò per inciso che l'italiano è l'unica lingua — credo — in cui «vago» significa anche grazioso, attraente: partendo dal significato originale (*wandering*) la parola «vago» porta con sé un'idea di movimento e mutevolezza, che s'associa in italiano tanto all'incerto e all'indefinito quanto alla grazia, alla piacevolezza).

Per mettere alla prova il mio culto dell'esattezza, andrò a rileggermi i passi dello *Zibaldone* in cui Leopardi fa l'elogio del «vago».

Dice Leopardi: «Le parole *lontano, antico* e simili sono poeticissime e piacevoli, perché destano idee vaste, e indefinite...» (25 Settembre 1821). «Le parole *notte, notturno* ec., le descrizioni della notte sono poeticissime, perché la notte confondendo gli oggetti, l'animo non ne concepisce che un'immagine vaga, indistinta, incompleta, sì di essa che di quanto essa contiene. Così *oscurità, profondo*, ec. ec.» (28 Settembre 1821).

59

Le ragioni di Leopardi sono perfettamente esemplificate dai suoi versi, che danno loro l'autorità di ciò che è provato dai fatti. Continuo a sfogliare lo *Zibaldone* cercando altri esempi di questa sua passione ed ecco trovo una nota più lunga del solito, un elenco di situazioni propizie allo stato d'animo dell'«indefinito»:

> ... la luce del sole o della luna, veduta in luogo dov'essi non si vedano e non si scopra la sorgente della luce; un luogo solamente in parte illuminato da essa luce; il riflesso di detta luce, e i vari effetti materiali che ne derivano; il penetrare di detta luce in luoghi dov'ella divenga incerta e impedita, e non bene si distingua, come attraverso un canneto, in una selva, per li balconi socchiusi ec. ec.; la detta luce veduta in luogo, oggetto ec. dov'ella non entri e non percota dirittamente, ma vi sia ribattuta e diffusa da qualche altro luogo od oggetto ec. dov'ella venga a battere; in un andito veduto al di dentro o al di fuori, e in una loggia parimente ec. quei luoghi dove la luce si confonde ec. ec. colle ombre, come sotto un portico, in una loggia elevata e pensile, fra le rupi e i burroni, in una valle, sui colli veduti dalla parte dell'ombra, in modo che ne sieno indorate le cime; il riflesso che produce, per esempio, un vetro colorato su quegli oggetti su cui si riflettono i raggi che passano per detto vetro; tutti quegli oggetti insomma che per diverse materiali e menome circostanze giungono alla nostra vista, *udito* ec. in modo incerto, mal distinto, imperfetto, incompleto, o fuor dell'ordinario ec.

Ecco dunque cosa richiede da noi Leopardi per farci gustare la bellezza dell'indeterminato e del vago! È una attenzione estremamente precisa e meticolosa che egli esige nella composizione d'ogni immagine, nella definizione minuziosa dei dettagli, nella scelta degli oggetti, dell'illuminazione, dell'atmosfera, per raggiungere la vaghezza desiderata. Dunque Leopardi, che avevo scelto come contraddittore ideale della mia apologia dell'esattezza, si rivela un decisivo testimone a favore... Il poeta del vago può essere solo il poeta della precisione, che sa cogliere la sensazione più sottile con occhio, orecchio, mano pronti e sicuri. Vale la pena che continui a leggere questa nota dello *Zibaldone* fino alla fine; la ricerca dell'indeterminato diventa l'osservazione del molteplice, del formicolante, del pulviscolare...

È piacevolissima e sentimentalissima la stessa luce veduta nelle città, dov'ella è frastagliata dalle ombre, dove lo scuro contrasta in molti luoghi col chiaro, dove la luce in molte parti degrada appoco appoco, come sui tetti, dove alcuni luoghi riposti nascondono la vista dell'astro luminoso ec. ec. A questo piacere contribuisce la varietà, l'incertezza, il non veder tutto, e il potersi perciò spaziare coll'immaginazione, riguardo a ciò che non si vede. Similmente dico dei simili effetti, che producono gli alberi, i filari, i colli, i pergolati, i casolari, i pagliai, le ineguaglianze del suolo ec. nelle campagne. Per lo contrario una vasta e tutta uguale pianura, dove la luce si spazi e diffonda senza diversità, né ostacolo; dove l'occhio si perda ec. è pure piacevolissima, per l'idea indefinita in estensione, che deriva da tal veduta. Così un cielo senza nuvolo. Nel qual proposito osservo che il piacere della varietà e dell'incertezza prevale a quello dell'apparente infinità, e dell'immensa uniformità. E quindi un cielo variamente sparso di nuvoletti, è forse più piacevole di un cielo affatto puro; e la vista del cielo è forse meno piacevole di quella della terra, e delle campagne ec. perché meno varia (ed anche meno simile a noi, meno propria di noi, meno appartenente alle cose nostre ec.). Infatti, ponetevi supino in modo che voi non vediate se non il cielo, separato dalla terra, voi proverete una sensazione molto meno piacevole che considerando una campagna, o considerando il cielo nella sua corrispondenza e relazione colla terra, ed unitamente ad essa in un medesimo punto di vista.

È piacevolissima ancora, per le sopraddette cagioni, la vista di una moltitudine innumerabile, come delle stelle, o di persone ec. un moto moltiplice, incerto, confuso, irregolare, disordinato, un ondeggiamento vago ec., che l'animo non possa determinare, né concepire definitamente e distintamente ec., come quello di una folla, o di un gran numero di formiche o del mare agitato ec. Similmente una moltitudine di suoni irregolarmente mescolati, e non distinguibili l'uno dall'altro ec. ec. ec. (20 Settembre 1821).

Tocchiamo qui uno dei nuclei della poetica di Leopardi, quello della sua lirica più bella e famosa, *L'infinito*. Protetto da una siepe oltre la quale si vede solo il cielo, il poeta prova insieme paura e piacere a immaginarsi gli spazi infiniti. Questa poesia è del 1819; le note dello *Zibaldone* che vi leggevo sono di due anni dopo e provano che Leopardi continuava a riflettere sui problemi che la composizione dell'*Infinito* aveva suscitato in lui. Nelle sue riflessioni due termini vengono continuamente messi a confronto: *indefinito* e *infinito*. Per quell'edonista infelice che era Leopardi, l'ignoto è sempre più attraente del noto, la speranza e l'immaginazione sono l'unica consolazione dalle delusioni e dai dolori dell'esperienza. L'uomo proietta dunque il suo desiderio nell'infinito, prova piacere solo quando può immaginarsi che esso non abbia fine. Ma poiché la mente umana non riesce a concepire l'infinito, anzi si ritrae spaventata alla sola sua idea, non le resta che contentarsi dell'indefinito, delle sensazioni che confondendosi l'una con l'altra creano un'impressione d'illimitato, illusoria ma comunque piacevole. *E il naufragar m'è dolce in questo mare*: non è solo nella famosa chiusa dell'*Infinito* che la dolcezza prevale sullo spavento, perché ciò che i versi comunicano attraverso la musica delle parole è sempre un senso di dolcezza, anche quando definiscono esperienze d'angoscia.

M'accorgo che sto spiegando Leopardi solo in termini di sensazioni, come se accettassi l'immagine che egli intende dare di se stesso come di un seguace del sensismo settecentesco. In realtà il problema che Leopardi affronta è speculativo e metafisico, un problema che domina la storia della filosofia da Parmenide a Descartes a Kant: il rapporto tra l'idea d'infinito come spazio assoluto e tempo assoluto, e la nostra cognizione empirica dello spazio e del tempo. Leopardi parte dunque dal rigore astratto d'un'idea matematica di spazio e di tempo e la confronta con l'indefinito, vago fluttuare delle sensazioni.

Esattezza e indeterminatezza sono anche i poli tra cui oscillano le congetture filosofico-ironiche di Ulrich, nello sterminato e non terminato romanzo di Robert Musil *Der Mann ohne Eigenschaften* (L'uomo senza qualità):

> ...Ist nun das beobachtete Element die Exaktheit selbst, hebt man es heraus und lässt es sich entwickeln, betrachtet man es als Denkgewohnheit und Lebenshaltung und lässt es seine beispielgebende Kraft auf alles auswirken, was mit ihm in Berührung kommt, so wird man zu einem Menschen geführt, in dem eine paradoxe Verbindung von Genauigkeit und Unbestimmtheit stattfindet. Er besitzt jene unbestechliche gewollte Kaltblütigkeit, die das Temperament der Exaktheit darstellt; über diese Eigenschaft hinaus ist aber alles andere unbestimmt.

> ...Ora, se l'elemento osservato è la stessa esattezza, lo si isola e lo si lascia sviluppare, lo si considera un'abi-

tudine del pensiero e un atteggiamento di vita e si fa in modo che la sua forza esemplare influisca su tutto ciò che tocca, così si arriva a un uomo in cui si forma una paradossale combinazione di esattezza e di indeterminatezza. Egli possiede quella incorruttibile, voluta freddezza che rappresenta il temperamento che coincide con la precisione; ma all'infuori di tale qualità tutto il resto è indefinito. (vol. I, parte II, cap. 61)

Il punto in cui Musil s'avvicina di più a una proposta di soluzione è quando egli ricorda che esistono «problemi matematici che non consentono una soluzione generale ma piuttosto soluzioni singole che, combinate, s'avvicinano alla soluzione generale» (cap. 83) e pensa che questo metodo s'adatterebbe alla vita umana. Molti anni dopo un altro scrittore nella cui mente coabitavano il demone dell'esattezza e quello della sensibilità, Roland Barthes, si domandava se non fosse possibile concepire una scienza dell'unico e dell'irripetibile (*La chambre claire*): «Pourquoi n'y aurait-il pas, en quelque sorte, une science nouvelle par objet? Une *Mathesis singularis* (et non plus *universalis*)?» (Perché mai non avrebbe dovuto esserci, in un certo senso, una nuova scienza per ogni oggetto? Una *Mathesis singularis* e non più *universalis*?).

Se Ulrich si rassegna presto alle sconfitte a cui la passione per l'esattezza va necessariamente incontro, un altro grande personaggio intellettuale del nostro secolo, Monsieur Teste, di Paul Valéry, non ha dubbi sul fatto che lo spirito umano possa realizzarsi nella forma più esatta e rigorosa. E se Leopardi, poeta del dolore di vivere, dà prova della massima precisione nel designare le sensazioni indefinite che causano piacere, Valéry, poeta del rigore impassibile della mente, dà prova della massima esattezza mettendo il suo Teste di fronte al dolore, facendogli combattere la sofferenza fisica attraverso un esercizio d'astrazione geometrica.

«J'ai, dit-il,... pas grand'chose. J'ai... un dixième de seconde qui se montre... Attendez... Il y a des instants où mon corps s'illumine... C'est très curieux. J'y vois tout à coup en moi... je distingue les profondeurs des couches de ma chair; et je sens des zones de douleur, des anneaux, des pôles, des aigrettes de douleur. Voyez-vous ces figures vives? cette géométrie de ma souffrance? Il y a de ces éclairs qui ressemblent tout à fait à des idées. Ils font comprendre, — d'ici, jusque-là... Et pourtant ils me laissent *incertain*. Incertain n'est pas le mot... Quand *cela* va venir, je trouve en moi quelque chose de confus ou de diffus. Il se fait dans mon être des endroits... brumeux, il y a des étendues qui font leur apparition. Alors, je prends dans ma mémoire une question, un problème quelconque... Je m'y enfonce. Je compte des grains de sable... et, tant que je les vois... — Ma douleur grossissante me force à l'observer. J'y pense! — Je n'attends que mon cri,... et dès que je l'ai entendu — l'*objet*, le terrible *objet*, devenant plus petit, et encore plus petit, se dérobe à ma vue intérieure...

«Che cosa ho?» disse «... Non molto. Ho... un decimo di secondo che si fa vedere... Aspettate... Vi sono degli istanti in cui il mio corpo s'illumina... È molto curioso. Improvvisamente io posso vedere in me stesso... distinguo la profondità di certi strati delle mie carni; e sento delle zone dolorose, anelli, poli, pennacchi di dolore. Vedete queste figure vive? Questa geometria delle mie sofferenze? Vi sono lampi che assomigliano alle idee. Essi fanno comprendere da qui a lì. Tuttavia mi lasciano *incerto*. Incerto non è la parola giusta... Quando la *cosa* sta per prodursi, riscontro in me stesso qualcosa di confuso o di diffuso. Si producono nel mio essere dei luoghi... nebbiosi, appaiono delle spianate. Allora traggo dalla mia memoria una domanda, un problema qualsiasi... E mi ci concentro. Conto dei granelli di sabbia e finché li vedo... Il mio dolore crescendo esige tutta la mia attenzione. Ci penso! — Attendo solo un mio gemito... e dopo averlo inteso — l'*oggetto*, il terribile *oggetto*, diventando più piccolo, ed ancora più piccolo, si sottrae alla mia vista interiore...

Paul Valéry è la personalità del nostro secolo che meglio ha definito la poesia come una tensione verso l'esattezza. Parlo soprattutto della sua opera di critico e di saggista, nella quale la poetica della esattezza è rintracciabile in una linea che da Mallarmé risale a Baudelaire e da Baudelaire a Edgar Allan Poe.

In Edgar Allan Poe, nel Poe visto da Baudelaire e da Mallarmé, Valéry vede «le démon de la lucidité, le génie de l'analyse et l'inventeur des combinaisons les plus neuves et les plus séduisantes de la logique avec l'imagination, de la mysticité avec le calcul, le psycologue de l'exception, l'ingénieur littéraire qui approfondit et utilise toutes les ressources de l'art...». («Il demone della lucidità, il genio dell'analisi, l'inventore delle più affascinanti e nuove combinazioni della logica con l'immaginazione, del misticismo col calcolo, lo psicologo d'eccezione, l'ingegnere letterario che approfondisce e utilizza tutte le risorse dell'arte...»).

Questo dice Valéry nel suo saggio *Situation de Baudelaire* che ha per me il valore di un manifesto di poetica, insieme all'altro suo saggio su Poe e la cosmogonia, a proposito di *Eureka*.

Nel suo saggio su *Eureka* di Poe, Valéry s'interroga sulla cosmogonia, genere letterario prima che speculazione scientifica, e compie una brillante confutazione dell'idea d'universo, che è anche una riaffermazione della forza mitica che ogni immagine di universo porta con sé. Anche qui come in Leopardi, l'attrattiva e la repulsione per l'infinito... Anche qui le congetture cosmologiche come genere letterario, come Leopardi si divertiva a fare in certe sue prose «apocrife»: il *Frammento apocrifo di Stratone da Lampsaco*, sulla nascita e soprattutto sulla fine del globo terrestre, che si appiattisce e si svuota come l'anello di Saturno e si disperde fino a bruciare nel sole; o un apocrifo talmudico, il *Cantico del gallo silvestre*, dove è l'intero universo a spegnersi e a sparire: «un silenzio nudo, e una quiete altissima, empieranno lo spazio immenso. Così questo arcano mirabile e spaventoso dell'esistenza universale, innanzi di essere dichiarato né inteso, si dileguerà e perderassi». Dove si vede che lo spaventoso e l'inconcepibile sono, non il vuoto infinito, ma l'esistenza.

Questa conferenza non si lascia guidare nella direzione che m'ero proposto. Ero partito per parlare dell'esattezza, non dell'infinito e del cosmo. Volevo parlarvi della mia predilezione per le forme geometriche, per le simmetrie, per le serie, per la combinatoria, per le proporzioni numeriche, spiegare le cose che ho scritto in chiave della mia fedeltà all'idea di limite, di misura... Ma forse è proprio questa idea che richiama quella di ciò che non ha fine: la successione dei numeri interi, le rette di Euclide... Forse piuttosto che parlarvi di come ho scritto quello che ho scritto, sarebbe più interessante che vi dicessi i problemi che non ho ancora risolto, che non so come risolverò e cosa mi porteranno a scrivere... Alle volte cerco di concentrarmi sulla storia che vorrei scrivere e m'accorgo che quello che m'interessa è un'altra cosa, ossia, non una cosa precisa ma tutto ciò che resta escluso dalla cosa che dovrei scrivere; il rapporto tra quell'argomento determinato e tutte le sue possibili varianti e alternative, tutti gli avvenimenti che il tempo e lo spazio possono contenere. È un'ossessione divorante, distruggitrice, che basta a bloccarmi. Per combatterla, cerco di limitare il campo di quel che devo dire, poi a dividerlo in campi ancor più limitati, poi a suddividerli ancora, e così via. E allora mi prende un'altra vertigine, quella del dettaglio del dettaglio del dettaglio, vengo risucchiato dall'infinitesimo, dall'infinitamente piccolo, come prima mi disperdevo nell'infinitamente vasto.

L'affermazione di Flaubert, «Le bon Dieu est dans le détail» la spiegherei alla luce della filosofia di Giordano Bruno, grande cosmologo visionario, che vede l'universo infinito e composto di mondi innumerevoli, ma non può dirlo «totalmente infinito» perché ciascuno di questi mondi è finito; mentre «totalmente infinito» è Dio «perché tutto lui è in tutto il mondo, ed in ciascuna sua parte infinitamente e totalmente».

Tra i libri italiani degli ultimi anni quello che ho più letto, riletto e meditato è la *Breve storia dell'infinito* di Paolo Zellini (Milano, Adelphi 1980) che s'apre con la famosa invettiva di Borges contro l'infinito, «concetto che corrompe e altera tutti gli altri», e prosegue passando in rassegna tutte le argomentazioni sul tema, col risultato di dissolvere e rovesciare l'estensione dell'infinito nella densità dell'infinitesimo.

Questo legame tra le scelte formali della composizione letteraria e il bisogno di un modello cosmologico (ossia d'un quadro mitologico generale) credo sia presente anche negli autori che non lo dichiarano in modo esplicito. Il gusto della composizione geometrizzante, di cui potremmo tracciare una storia nella letteratura mondiale a partire da Mallarmé, ha sullo sfondo l'opposizione ordine-disordine, fondamentale nella scienza contemporanea. L'universo si disfa in una nube di calore, precipita senza scampo in un vortice d'entropia, ma all'interno di questo processo irreversibile possono darsi zone d'ordine, porzioni d'esistente che tendono verso una forma, punti privilegiati da cui sembra di scorgere un disegno, una prospettiva. L'opera letteraria è una di queste minime porzioni in cui l'esistente si cristallizza in una forma, acquista un senso, non fisso, non definitivo, non irrigidito in una immobilità minerale, ma vivente come un organismo. La poesia è la grande nemica del caso, pur essendo anch'essa figlia del caso e sapendo che il caso in ultima istanza avrà partita vinta. «Un coup de dés jamais n'abolira le hasard».

È in questo quadro che va vista la rivalutazione dei procedimenti logico-geometrici-metafisici che si è imposta nelle arti figurative nei primi decenni del secolo e successivamente in letteratura: l'emblema del cristallo potrebbe distinguere una costellazione di poeti e scrittori molto diversi tra loro come Paul Valéry in Francia, Wallace Stevens negli Stati Uniti, Gottfried Benn in Germania, Fernando Pessoa in Portogallo, Ramón Gómez de la Serna in Spagna, Massimo Bontempelli in Italia, Jorge Luis Borges in Argentina.

Il cristallo, con la sua esatta sfaccettatura e la sua capacità di rifrangere la luce, è il modello di perfezione che ho sempre tenuto come un emblema, e questa predilezione è diventata ancor più significativa da quando si sa che certe proprietà della nascita e della crescita dei cristalli somigliano a quelle degli esseri biologici più elementari, costituendo quasi un ponte tra il mondo minerale e la materia vivente.

Tra i libri scientifici in cui ficco il naso alla ricerca di stimoli per l'immaginazione, m'è capitato di leggere recentemente che i modelli per il processo di formazione degli esseri viventi sono «da un lato il *cristallo* (immagine d'invarianza e di regolarità di strutture specifiche), dall'altro la *fiamma* (immagine di costanza d'una forma globale esteriore, malgrado l'incessante agitazione interna)». Cito dall'introduzione di Massimo Piattelli-Palmarini al volume del dibattito tra Jean Piaget e Noam Chomsky al Centre Royaumont (*Théories du langage — Théories de l'apprentissage*, Éd. du Seuil, Paris 1980). Le immagini contrapposte della fiamma e del cristallo sono usate per visualizzare le alternative che si pongono alla biologia e da questa passano alle teorie sul linguaggio e sulle capacità di apprendimento.

Lascerò ora da parte le implicazioni nella filosofia della scienza delle posizioni di Piaget, che è per il principio dell'«ordine dal rumore», cioè per la fiamma, e di Chomsky che è per il «self-organizing-system», cioè per il cristallo.

Quel che mi interessa ora è la giustapposizione di queste due figure, come in uno di quegli emblemi cinquecenteschi di cui vi parlavo nella conferenza precedente. Cristallo e fiamma, due forme di bellezza perfetta da cui lo sguardo non sa staccarsi, due modi di crescita nel tempo, di spesa della materia circostante, due simboli morali, due assoluti, due categorie per classificare fatti e idee e stili e sentimenti. Ho accennato poco fa a un partito del cristallo nella letteratura del nostro secolo; un elenco consimile credo si potrebbe fare per il partito della fiamma. Io mi sono sempre considerato un partigiano dei cristalli, ma la pagina che ho citato m'insegna a non dimenticare il valore che ha la fiamma come modo d'essere, come forma d'esistenza. Così vorrei che quanti si considerano seguaci della fiamma non perdessero di vista la calma e ardua lezione dei cristalli.

Un simbolo più complesso, che mi ha dato le maggiori possibilità di esprimere la tensione tra razionalità geometrica e groviglio delle esistenze umane è quello della città. Il mio libro in cui credo d'aver detto più cose resta *Le città invisibili*, perché ho potuto concentrare su un unico simbolo tutte le mie riflessioni, le mie esperienze, le mie congetture; e perché ho costruito una struttura sfaccettata in cui ogni breve testo sta vicino agli altri in una successione che non implica una consequenzialità o una gerarchia ma una rete entro la quale si possono tracciare molteplici percorsi e ricavare conclusioni plurime e ramificate.

Nelle *Città invisibili* ogni concetto e ogni valore si rivela duplice: anche l'esattezza. Kublai Khan a un certo momento impersona la tendenza razionalizzatrice, geometrizzante o algebrizzante dell'intelletto e riduce la conoscenza del suo impero alla combinatoria dei pezzi di scacchi d'una scacchiera: le città che Marco Polo gli descrive con grande abbondanza di particolari, egli le rappresenta con una o un'altra disposizione di torri, alfieri, cavalli, re, regine, pedine, sui quadrati bianchi e neri. La conclusione finale a cui lo porta questa operazione è che l'oggetto delle sue conquiste non è altro che il tassello di legno sul quale ciascun pezzo si posa: un emblema del nulla... Ma in quel momento avviene un colpo di scena: Marco Polo invita il Gran Khan a osservare meglio quello che gli sembra il nulla:

> ... Il Gran Kan cercava d'immedesimarsi nel gioco: ma adesso era il perché del gioco a sfuggirgli. Il fine d'ogni partita è una vincita o una perdita: ma di cosa? Qual era la vera posta? Allo scacco matto, sotto il piede del re sbalzato via dalla mano del vincitore, resta il nulla: un quadrato nero o bianco. A forza di scorporare le sue conquiste per ridurle all'essenza, Kublai era arrivato all'operazione estrema: la conquista definitiva, di cui i multiformi tesori dell'impero non erano che involucri illusori, si riduceva a un tassello di legno piallato.
>
> Allora Marco Polo parlò: — La tua scacchiera, sire, è un intarsio di due legni: ebano e acero. Il tassello sul quale si fissa il tuo sguardo illuminato fu tagliato in uno strato del tronco che crebbe in un anno di siccità: vedi come si dispongono le fibre? Qui si scorge un nodo appena accennato: una gemma tentò di spuntare in un giorno di primavera precoce, ma la brina della notte l'obbligò a desistere —. Il Gran Kan non s'era fin'allora reso conto che lo straniero sapesse esprimersi fluentemente nella sua lingua, ma non era questo a stupirlo. — Ecco un poro più grosso: forse è stato il nido d'una larva; non d'un tarlo, perché appena nato avrebbe continuato a scavare, ma d'un bruco che rosicchiò le foglie e fu la causa per cui l'albero fu scelto per essere abbattuto... Questo margine fu inciso dall'ebanista con la sgorbia perché aderisse al quadrato vicino, più sporgente...
>
> La quantità di cose che si potevano leggere in un

71

pezzetto di legno liscio e vuoto sommergeva Kublai; già Polo era venuto a parlare dei boschi d'ebano, delle zattere di tronchi che discendono i fiumi, degli approdi, delle donne alle finestre...

Dal momento in cui ho scritto quella pagina mi è stato chiaro che la mia ricerca dell'esattezza si biforcava in due direzioni. Da una parte la riduzione degli avvenimenti contingenti a schemi astratti con cui si possano compiere operazioni e dimostrare teoremi; e dall'altra parte lo sforzo delle parole per render conto con la maggior precisione possibile dell'aspetto sensibile delle cose.

In realtà sempre la mia scrittura si è trovata di fronte due strade divergenti che corrispondono a due diversi tipi di conoscenza: una che si muove nello spazio mentale d'una razionalità scorporata, dove si possono tracciare linee che congiungono punti, proiezioni, forme astratte, vettori di forze; l'altra che si muove in uno spazio gremito d'oggetti e cerca di creare un equivalente verbale di quello spazio riempiendo la pagina di parole, con uno sforzo di adeguamento minuzioso dello scritto al non scritto, alla totalità del dicibile e del non dicibile. Sono due diverse pulsioni verso l'esattezza che non arriveranno mai alla soddisfazione assoluta: l'una perché le lingue naturali dicono sempre qualcosa *in più* rispetto ai linguaggi formalizzati, comportano sempre una certa quantità di *rumore* che disturba l'essenzialità dell'informazione; l'altra perché nel render conto della densità e continuità del mondo che ci circonda il linguaggio si rivela lacunoso, frammentario, dice sempre qualcosa in *meno* rispetto alla totalità dell'esperibile.

Tra queste due strade io oscillo continuamente e quando sento d'aver esplorato al massimo le possibilità dell'una mi butto sull'altra e viceversa. Così negli ultimi anni ho alternato i miei esercizi sulla struttura del racconto con esercizi di descrizione, arte oggi molto trascurata. Come uno scolaro che abbia avuto per compito «Descrivi una giraffa» o «Descrivi il cielo stellato», io mi sono applicato a riempire un quaderno di questi esercizi e ne ho fatto la materia di un libro. Il libro si chiama *Palomar* ed è uscito ora in traduzione inglese:* è una specie di diario su problemi di conoscenza minimali, vie per stabilire relazioni col mondo, gratificazioni e frustrazioni nell'uso del silenzio e della parola.

In questa via di ricerca mi è stata vicina l'esperienza dei poeti: penso a William Carlos Williams che descrive così minuziosamente le foglie del ciclamen, che fa prendere forma e sbocciare il fiore dalle foglie da lui descritte e riesce a dare alla poesia la leggerezza della pianta; penso a Marianne Moore, che nel definire i suoi pangolini e i suoi nautilus e tutti gli altri animali del suo bestiario unisce le notizie dei libri di zoologia e i significati simbolici e allegorici che fanno d'ogni sua poesia una favola morale; e penso a Eugenio Montale che si può dire sommi i risultati di entrambi nella sua poesia *L'anguilla*, una poesia di una sola lunghissima frase che ha la forma dell'anguilla, segue tutta la vita dell'anguilla e fa dell'anguilla un simbolo morale.

Ma soprattutto penso a Francis Ponge in quanto con i suoi piccoli poemi in prosa ha creato un genere unico nella letteratura contemporanea: proprio quel «quaderno di esercizi» di scolaro che per prima cosa deve esercitarsi a disporre le sue parole sull'estensione degli aspetti del mondo e ci riesce attraverso una serie di tentativi, brouillons, approssimazioni. Ponge è per me un maestro senza eguali perché i brevi testi de *Le parti pris des choses* e delle altre raccolte che proseguono in quella direzione, parlino essi della *crevette* o del *galet* o del *savon*, rappresentano il miglior esempio d'una battaglia col linguaggio per farlo diventare il linguaggio delle cose, che parte dalle cose e torna a noi carico di tutto l'umano che ab-

---

* *Palomar* è stato pubblicato alla fine di settembre 1985 negli Stati Uniti da Harcourt Brace Jovanovich.

biamo investito nelle cose. Intenzione dichiarata di Francis Ponge è stata quella di comporre attraverso i suoi brevi testi e le loro elaborate varianti un nuovo *De rerum natura*; io credo che possiamo riconoscere in lui il Lucrezio del nostro tempo, che ricostruisce la fisicità del mondo attraverso l'impalpabile pulviscolo delle parole.

Mi pare che l'operazione di Ponge sia da porsi sullo stesso piano di quella di Mallarmé in direzione divergente e complementare: in Mallarmé la parola raggiunge l'estremo dell'esattezza toccando l'estremo dell'astrazione e indicando il nulla come sostanza ultima del mondo; in Ponge il mondo ha la forma delle cose più umili e contingenti e asimmetriche e la parola è ciò che serve a render conto della varietà infinita di queste forme irregolari e minutamente complicate. C'è chi crede che la parola sia il mezzo per raggiungere la sostanza del mondo, la sostanza ultima, unica, assoluta; più che rappresentare questa sostanza la parola s'identifica con essa (quindi è sbagliato dire che è un mezzo): c'è la parola che conosce solo se stessa, e nessun'altra conoscenza del mondo è possibile. C'è invece chi intende l'uso della parola come un incessante inseguire le cose, un'approssimazione non alla loro sostanza ma all'infinita loro varietà, uno sfiorare la loro multiforme inesauribile superficie. Come Hofmannsthal ha detto: «La profondità va nascosta. Dove? Alla superficie». E Wittgenstein andava ancora più in là di Hofmannsthal, quando diceva: «Ciò che è nascosto, non ci interessa».

Io non sarei tanto drastico: penso che siamo sempre alla caccia di qualcosa di nascosto o di solo potenziale o ipotetico, di cui seguiamo le tracce che affiorano sulla superficie del suolo. Credo che i nostri meccanismi mentali elementari si ripetono dal Paleolitico dei nostri padri cacciatori e raccoglitori attraverso tutte le culture della storia umana. La parola collega la traccia visibile alla cosa invisibile, alla cosa assente, alla cosa desiderata o temuta, come un fragile ponte di fortuna gettato sul vuoto.

Per questo il giusto uso del linguaggio per me è quello che permette di avvicinarsi alle cose (presenti o assenti) con discrezione e attenzione e cautela, col rispetto di ciò che le cose (presenti o assenti) comunicano senza parole.

L'esempio più significativo d'una battaglia con la lingua per catturare qualcosa che ancora sfugge all'espressione è Leonardo da Vinci: i codici leonardeschi sono un documento straordinario d'una battaglia con la lingua, una lingua ispida e nodosa, alla ricerca dell'espressione più ricca e sottile e precisa. Le varie fasi del trattamento d'un'idea che Francis Ponge finisce per pubblicare una dopo l'altra perché l'opera vera consiste non nella sua forma definitiva ma nella serie d'approssimazioni per raggiungerla, sono per Leonardo scrittore la prova dell'investimento di forze che egli metteva nella scrittura come strumento conoscitivo, e del fatto che — di tutti i libri che si proponeva di scrivere — gli interessava più il processo di ricerca che il compimento di un testo da pubblicare. Anche i temi sono talora simili a quelli di Ponge, come nella serie di brevi favole che Leonardo scrive su oggetti o animali.

Prendiamo per esempio la favola del fuoco. Leonardo ce ne dà un rapido riassunto (il fuoco, offeso perché l'acqua nella pentola sta sopra di lui che pure è il «superiore elemento», innalza le sue fiamme sempre più in alto, finché l'acqua bolle e traboccando lo spegne) che poi svolge in tre stesure successive, tutte incomplete, scritte in tre colonne affiancate, ogni volta aggiungendo qualche dettaglio, descrivendo come da una piccola brace la fiamma spira tra gli intervalli della legna e scoppietta e si gonfia; ma presto Leonardo s'interrompe come rendendosi conto che non c'è limite alla minuziosità con cui si può raccontare anche la storia più semplice. Anche il racconto della legna che s'accende nel focolare della cucina può crescere dall'interno fino a diventare infinito.

Leonardo, «omo sanza lettere» come si definiva, aveva un rapporto difficile con la parola scritta. La sua sapienza non aveva uguali al mondo, ma l'ignoranza del latino e della grammatica gli impediva di comunicare per scritto con i dotti del suo tempo. Certo molta della sua scienza egli sentiva di poterla fissare nel disegno meglio che nella parola. («O scrittore, con quali lettere scriverai tu con tal perfezione la intera figurazione qual fa qui il disegno?» annotava nei suoi quaderni di anatomia). E non solo la scienza, ma anche la filosofia egli era sicuro di comunicarla meglio con la pittura e il disegno. Ma c'era in lui anche un incessante bisogno di scrittura, d'usare la scrittura per indagare il mondo nelle sue manifestazioni multiformi e nei suoi segreti e anche per dare forma alle sue fantasie, alle sue emozioni, ai suoi rancori. (Come quando inveisce contro i letterati, capaci secondo lui solo di ripetere ciò che hanno letto nei libri altrui, a differenza di chi come lui faceva parte degli «inventori e interpreti tra la natura e li omini»). Perciò scriveva sempre di più: col passare degli anni aveva smesso di dipingere, pensava scrivendo e disegnando, come proseguendo un unico discorso con disegni e parole, riempiva i suoi quaderni della sua scrittura mancina e speculare.

Nel foglio 265 del Codice Atlantico, Leonardo comincia ad annotare prove per dimostrare la tesi della crescita della terra. Dopo aver fatto gli esempi di città sepolte inghiottite dal suolo, passa ai fossili marini ritrovati sulle montagne, e in particolare a certe ossa che suppone abbiano appartenuto a un mostro marino antidiluviano. A quel momento la sua immaginazione deve esser stata affascinata dalla visione dell'immenso animale quando ancora nuotava tra le onde. Fatto sta che capovolge il foglio e cerca di fissare l'immagine dell'animale tentando per tre volte una frase che renda tutta la meraviglia dell'evocazione.

76

O quante volte fusti tu veduto in fra l'onde del gonfiato e grande oceano, col setoluto e nero dosso, a guisa di montagna e con grave e superbo andamento!

Poi cerca di movimentare l'*andamento* del mostro, introducendo il verbo *volteggiare*:

E spesse volte eri veduto in fra l'onde del gonfiato e grande oceano, e col superbo e grave moto gir volteggiando in fra le marine acque. E con setoluto e nero dosso, a guisa di montagna, quelle vincere e sopraffare!

Ma il *volteggiare* gli sembra attenui l'impressione di imponenza e di maestà che egli vuol evocare. Sceglie allora il verbo *solcare* e corregge tutta la costruzione del passo rendendogli compattezza e ritmo, con una sapienza letteraria sicura:

O quante volte fusti tu veduto in fra l'onde del gonfiato e grande oceano, a guisa di montagna quelle vincere e sopraffare, e col setoluto e nero dosso solcare le marine acque, e con superbo e grave andamento!

L'inseguimento di questa apparizione che si presenta quasi come un simbolo della forza solenne della natura, ci apre uno spiraglio su come funzionava l'immaginazione di Leonardo. Vi consegno questa immagine in chiusura della mia conferenza perché possiate custodirla nella memoria il più a lungo possibile in tutta la sua limpidezza e il suo mistero.

4
Visibilità

C'è un verso di Dante nel Purgatorio (XVII, 25) che dice: «Poi piovve dentro a l'alta fantasia». La mia conferenza di stasera partirà da questa constatazione: la fantasia è un posto dove ci piove dentro.

Vediamo in quale contesto si trova questo verso del Purgatorio. Siamo nel girone degli iracondi e Dante sta contemplando delle immagini che si formano direttamente nella sua mente, e che rappresentano esempi classici e biblici di ira punita; Dante capisce che queste immagini piovono dal cielo, cioè è Dio che gliele manda.

Nei vari gironi del Purgatorio, oltre alle particolarità del paesaggio e della volta celeste, oltre agli incontri con anime di peccatori pentiti e con esseri soprannaturali, si presentano a Dante delle scene che sono come citazioni o rappresentazioni di esempi di peccati e di virtù: prima sotto forma di bassorilievi che sembrano muoversi e parlare, poi come visioni proiettate davanti ai suoi occhi, come voci che giungono al suo orecchio, e infine come immagini puramente mentali. Queste visioni insomma si vanno progressivamente interiorizzando, come se Dante si rendesse conto che è inutile inventare a ogni girone una nuova forma di metarappresentazione, e tanto vale situare le visioni nella mente, senza farli passare attraverso i sensi.

Ma prima di far questo occorre definire cos'è l'immaginazione, cosa che Dante fa in due terzine (XVII, 13-18):

81

O imaginativa che ne rube
talvolta sì di fuor, ch'om non s'accorge
perché dintorno suonin mille tube,
chi move te, se 'l senso non ti porge?
Moveti lume che nel ciel s'informa
per sé o per voler che giù lo scorge.

Si tratta, beninteso, dell'«alta fantasia», come sarà specificato poco più avanti, cioè della parte più elevata dell'immaginazione, distinta dall'immaginazione corporea, quale quella che si manifesta nel caos dei sogni. Stabilito questo punto, cerchiamo di seguire il ragionamento di Dante, che riproduce fedelmente quello della filosofia del suo tempo.

O immaginazione, che hai il potere d'importi alle nostre facoltà e alla nostra volontà e di rapirci in un mondo interiore strappandoci al mondo esterno, tanto che anche se suonassero mille trombe non ce ne accorgeremmo, da dove provengono i messaggi visivi che tu ricevi, quando essi non sono formati da sensazioni depositate nella memoria? «Moveti lume che nel ciel s'informa»: secondo Dante — e secondo San Tommaso d'Aquino — c'è una specie di sorgente luminosa che sta in cielo e trasmette delle immagini ideali, formate o secondo la logica intrinseca del mondo immaginario («per sé») o secondo il volere di Dio («o per voler che giù lo scorge»).

Dante sta parlando delle visioni che si presentano a lui (al personaggio Dante) quasi come proiezioni cinematografiche o ricezioni televisive su uno schermo separato da quella che per lui è la realtà oggettiva del suo viaggio ultraterreno. Ma per il poeta Dante, tutto il viaggio del personaggio Dante è come queste visioni; il poeta deve immaginare visualmente tanto ciò che il suo personaggio vede, quanto ciò che crede di vedere, o che sta sognando, o che ricorda, o che vede rappresentato, o che gli viene raccontato, così come deve immaginare il contenuto visuale delle metafore di cui si serve appunto per facilitare questa evocazione visiva. Dunque è il ruolo dell'immaginazione nella *Divina Commedia* che Dante sta cercando di definire, e più precisamente la parte visuale della sua fantasia, precedente o contemporanea all'immaginazione verbale.

Possiamo distinguere due tipi di processi immaginativi: quello che parte dalla parola e arriva all'immagine visiva e quello che parte dall'immagine visiva e arriva all'espressione verbale. Il primo processo è quello che avviene normalmente nella lettura: leggiamo per esempio una scena di romanzo o il reportage d'un avvenimento sul giornale, e a seconda della maggiore o minore efficacia del testo siamo portati a vedere la scena come se si svolgesse davanti ai nostri occhi, o almeno frammenti e dettagli della scena che affiorano dall'indistinto.

Nel cinema l'immagine che vediamo sullo schermo era passata anch'essa attraverso un testo scritto, poi era stata «vista» mentalmente dal regista, poi ricostruita nella sua fisicità sul set, per essere definitivamente fissata nei fotogrammi del film. Un film è dunque il risultato d'una successione di fasi, immateriali e materiali, in cui le immagini prendono forma; in questo processo il «cinema mentale» dell'immaginazione ha una funzione non meno importante di quella delle fasi di realizzazione effettiva delle sequenze come verranno registrate dalla *camera* e poi montate in *moviola*. Questo «cinema mentale» è sempre in funzione in tutti noi, — e lo è sempre stato, anche prima dell'invenzione del cinema — e non cessa mai di proiettare immagini alla nostra vista interiore.

È significativa l'importanza che l'immaginazione visiva riveste negli *Esercizi spirituali* di Ignacio de Loyola. Proprio all'inizio del suo manuale, Sant'Ignazio prescrive «la composizione visiva del luogo» («composición viendo el lugar») con termini che sembrano istruzioni per la messa-in-scena d'uno spettacolo: «...nella contemplazione o meditazione visiva, come appunto il contemplare Cristo nostro Signore in quanto

83

visibile, la composizione consisterà nel vedere con la vista dell'immaginazione il luogo fisico dove si trova la cosa che voglio contemplare. Dico il luogo fisico, come ad esempio un tempio o un monte dove si trovano Gesù Cristo o Nostra Signora...». Subito dopo, Sant'Ignazio s'affretta a precisare che la contemplazione dei propri peccati non deve essere visiva, o — se intendo bene — deve servirsi di una visività di tipo metaforico (l'anima incarcerata nel corpo corruttibile).

Più avanti, nel primo giorno della seconda settimana, l'esercizio spirituale s'apre con una vasta panoramica visionaria e con scene di massa spettacolari:

1° puncto. El primer puncto es ver las personas, las unas y las otras; y primero las de la haz de la tierra, en tanta diversidad, así en trajes como en gestos, unos blancos y otros negros, unos en paz y otros en guerra, unos llorando y otros riendo, unos sanos, otros enfermos, unos nasciendo y otros muriendo, etc.

2°: ver y considerar las tres personas divinas, como en el su solio real o throno de la su divina majestad, cómo miran toda la haz y redondez de la tierra y todas las gentes en tanta çeguedad, y cómo mueren y descienden al infierno.

1° punto. Il primo punto è vedere le persone, le une e le altre; e prima quelle sulla faccia della terra in tutta la loro varietà di abiti e di gesti, alcuni bianchi e altri neri, alcuni in pace e altri in guerra, alcuni che piangono e altri che ridono, alcuni sani e altri ammalati, alcuni che nascono e altri che muoiono, eccetera.

2°: vedere e considerare le tre persone divine come sul loro soglio regale o trono della loro divina maestà, come guardano tutta la faccia e rotondità della terra e tutte le genti in tanta cecità, e come muoiono e van giù nell'inferno.

L'idea che il Dio di Mosè non tollerasse d'essere rappresentato in immagine sembra non sfiorare mai Ignacio de Loyola. Al contrario, si direbbe che egli rivendichi per ogni cristiano la grandiosa dote visionaria di Dante e di Michelangelo — senza neppure il freno che Dante si sente in dovere di mettere alla propria immaginazione figurale di fronte alle supreme visioni celesti del Paradiso.

Nell'esercizio spirituale del giorno seguente (seconda contemplazione, 1° punto), il contemplatore deve far entrare in scena se stesso, assumere un ruolo d'attore nell'azione immaginaria:

> El primer puncto es ver las personas, es a saber, ver a Nuestra Señora y a Joseph y a la ancilla y al niño Jesú, después de ser nascido, haziéndome yo un pobrezito y esclavito indigno, mirándolos, contemplándolos y serviéndolos en sus necesidades, como si presente me hallase, con todo acatamiento y reverencia possible; y después reflectir en my mismo para sacar algún provecho.

> Il primo punto è vedere le persone, ossia vedere Nostra Signora e Giuseppe e l'ancella c il Bambino Gesù appena nato, facendo di me stesso un poveretto, un infimo indegno schiavo, guardandoli, contemplandoli e servendoli nelle loro necessità, come mi trovassi lì presente, con tutta la devozione e riverenza possibile; e poi riflettere su me stesso, per ricavarne qualche profitto.

Certo, il cattolicesimo della Controriforma aveva nella comunicazione visiva un veicolo fondamentale, con le suggestioni emotive dell'arte sacra da cui il fedele doveva risalire ai significati secondo l'insegnamento orale della Chiesa. Ma si trattava di partire sempre da un'immagine data, proposta dalla Chiesa stessa, non «immaginata» dal fedele. Ciò che distingue (credo) il procedimento di Loyola anche rispetto alle forme devozionali della sua epoca è il passaggio dalla parola all'immaginazione visiva, come via per raggiungere la conoscenza dei significati profondi. Anche qui il punto di partenza e quello d'arrivo sono già stabiliti; in mezzo s'apre un campo di possibilità infinite d'applicazione della fantasia individuale, nel raffigurarsi personaggi, luoghi, scene in movimento. Il fedele viene chiamato a dipingere lui stesso sulle pareti della sua mente degli affreschi gremiti di figure, partendo dalle sollecitazioni che la sua immaginazione visiva riesce a estrarre da un enunciato teologico o da un laconico versetto dei Vangeli.

Torniamo alla problematica letteraria, e chiediamoci come si forma l'immaginario d'un'epoca in cui la letteratura non si richiama più a un'autorità o a una tradizione come sua origine o come suo fine, ma punta sulla novità, l'originalità, l'invenzione. Mi pare che in questa situazione il problema della priorità dell'immagine visuale o dell'espressione verbale (che è un po' come il problema dell'uovo e della gallina) inclini decisamente dalla parte dell'immagine visuale.

Da dove «piovono» le immagini nella fantasia? Dante aveva giustamente un alto concetto di se stesso, tanto da non farsi scrupolo di proclamare la diretta ispirazione divina delle sue visioni. Gli scrittori più vicini a noi, (tranne qualche raro caso di vocazione profetica) stabiliscono collegamenti con emittenti terrene, come l'inconscio individuale o collettivo, il tempo ritrovato nelle sensazioni che riaffiorano dal tempo perduto, le epifanie o concentrazioni dell'essere in un singolo punto o istante. Insomma si tratta di processi che anche se non partono dal cielo, esorbitano dalle nostre intenzioni e dal nostro controllo, assumendo rispetto all'individuo una sorta di trascendenza. E non sono solo i poeti e i romanzieri a porsi il problema: in modo analogo se lo pone uno studioso dell'intelligenza come Douglas Hofstadter nel suo famoso volume *Gödel, Escher, Bach*, dove il vero problema è quello della scelta tra varie immagini «piovute» nella fantasia:

Think, for instance, of a writer who is trying to convey certain ideas which to him are contained in mental images. He isn't quite sure how those images fit together in his mind, and he experiments around, expressing things first one way and then another, and finally settles on some version. But does he know where it all came from? Only in a vague sense. Much of the source, like an iceberg, is deep underwater, unseen—and he knows that.

Si pensi, ad esempio, a uno scrittore che sta cercando di esprimere certe idee che possiede sotto forma di immagini mentali. Egli non è del tutto sicuro di come queste immagini si armonizzino l'una con l'altra nella sua mente e sperimenta esprimendo le cose prima in un modo, poi in un altro; infine si ferma su una particolare versione. Ma egli sa da dove tutto ciò proviene? Solo vagamente. La maggior parte della sua fonte, come un iceberg, è immersa profondamente sott'acqua, non visibile, ed egli lo sa.

Ma forse per prima cosa dobbiamo passare in rassegna i modi in cui questo problema è stato posto in passato. La più esauriente e chiara e sintetica storia dell'idea di immaginazione l'ho trovata in un saggio di Jean Starobinski, *L'impero dell'immaginario* (nel volume *La relation critique*, Gallimard, 1970). Dalla magia rinascimentale d'origine neoplatonica parte l'idea dell'immaginazione come comunicazione con l'anima del mondo, idea che poi sarà del Romanticismo e del Surrealismo. Questa idea contrasta con quella dell'immaginazione come strumento di conoscenza, secondo la quale l'immaginazione, pur seguendo altre vie da quelle della conoscenza scientifica, può coesistere con quest'ultima, e anche coadiuvarla, anzi essere per lo scienziato un momento necessario per la formulazione delle sue ipotesi. Invece, le teorie dell'immaginazione come depositaria della verità dell'universo possono andare d'accordo con una Naturphilosophie o con un tipo di conoscenza teosofica, ma sono incompatibili con la conoscenza scientifica. A meno di separare il conoscibile in due, lasciando alla scienza il mondo esterno e isolando la conoscenza immaginativa nell'interiorità individuale. Starobinski riconosce in quest'ultima posizione il metodo della psicoanalisi freudiana, mentre quello di Jung, che dà agli archetipi e all'inconscio collettivo validità universale, si ricollega all'idea d'immaginazione come partecipazione alla verità del mondo.

Arrivato a questo punto, la domanda a cui non posso sfuggire è: in quale delle due correnti delineate da Starobinski devo situare la mia idea d'immaginazione? Per poter rispondere devo in qualche modo ripercorrere la mia esperienza di scrittore, soprattutto quella che si riferisce alla narrativa fantastica. Quando ho cominciato a scrivere storie fantastiche non mi ponevo ancora problemi teorici; l'unica cosa di cui ero sicuro era che all'origine d'ogni mio racconto c'era un'immagine visuale. Per esempio, una di queste immagini è stata un uomo tagliato in due metà che continuano a vivere indipendentemente; un altro esempio poteva essere il ragazzo che s'arrampica su un albero e poi passa da un albero all'altro senza più scendere in terra; un'altra ancora un'armatura vuota che si muove e parla come ci fosse dentro qualcuno.

Dunque nell'ideazione d'un racconto la prima cosa che mi viene alla mente è un'immagine che per qualche ragione mi si presenta come carica di significato, anche se non saprei formulare questo significato in termini discorsivi o concettuali. Appena l'immagine è diventata abbastanza netta nella mia mente, mi metto a svilupparla in una storia, o meglio, sono le immagini stesse che sviluppano le loro potenzialità implicite, il racconto che esse portano dentro di sé. Attorno a ogni immagine ne nascono delle altre, si forma un campo di analogie, di simmetrie, di contrapposizioni. Nell'organizzazione di questo materiale che non è più solo visivo ma anche concettuale, interviene a questo punto anche una mia intenzione nell'ordinare e dare un senso allo sviluppo della storia — o piuttosto quello che io faccio è cercare di stabilire quali significati possono essere compatibili e quali no, col disegno generale che vorrei dare alla storia, sempre lasciando un certo margine di alternative possibili. Nello stesso tempo la scrittura, la resa verbale, assume sempre più importanza; direi che dal momento in cui comincio a mettere nero su bianco, è la parola scritta che conta: prima come ricerca d'un equivalente dell'immagine visiva, poi come sviluppo coerente dell'impostazione stilistica iniziale, e a poco a poco resta padrona del campo. Sarà la scrittura a guidare il racconto nella direzione in cui l'espressione verbale scorre più felicemente, e all'immaginazione visuale non resta che tenerle dietro.

Nelle *Cosmicomiche* il procedimento è un po' diverso, perché il punto di partenza è un enunciato tratto dal discorso scientifico: il gioco autonomo delle immagini visuali deve nascere da questo enunciato concettuale. Il mio intento era dimostrare come il discorso per immagini tipico del mito possa nascere da qualsiasi terreno: anche dal linguaggio più lontano da ogni immagine visuale come quello della scienza d'oggi. Anche leggendo il più tecnico libro scientifico o il più astratto libro di filosofia si può incontrare una frase che inaspettatamente fa da stimolo alla fantasia figurale. Siamo dunque in uno di quei casi in cui l'immagine è determinata da un testo scritto preesistente (una pagina o una singola frase in cui io m'imbatto leggendo) e ne può scaturire uno sviluppo fantastico tanto nello spirito del testo di partenza quanto in una direzione completamente autonoma.

La prima cosmicomica che ho scritto, *La distanza della Luna*, è la più (diciamo così) «surrealista», nel senso che lo

89

spunto basato sulla fisica gravitazionale lascia via libera a una fantasia di tipo onirico. In altre cosmicomiche il plot è guidato da un'idea più conseguente con il punto di partenza scientifico, ma sempre rivestita da un involucro immaginoso, affettivo, di voce monologante o dialogante.

Insomma, il mio procedimento vuole unificare la generazione spontanea delle immagini e l'intenzionalità del pensiero discorsivo. Anche quando la mossa d'apertura è dell'immaginazione visiva che fa funzionare la sua logica intrinseca, essa si trova prima o poi catturata in una rete dove ragionamento ed espressione verbale impongono anche la loro logica. Comunque, le soluzioni visive continuano a essere determinanti, e talora arrivano inaspettatamente a decidere situazioni che né le congetture del pensiero né le risorse del linguaggio riuscirebbero a risolvere.

Una precisazione sull'antropomorfismo nelle *Cosmicomiche*: la scienza m'interessa proprio nel mio sforzo per uscire da una conoscenza antropomorfa; ma nello stesso tempo sono convinto che la nostra immaginazione non può essere che antropomorfa; da ciò la mia scommessa di rappresentare antropomorficamente un universo in cui l'uomo non è mai esistito, anzi dove sembra estremamente improbabile che l'uomo possa mai esistere.

È giunto il momento di rispondere alla domanda che m'ero posto riguardo alle due correnti secondo Starobinski: l'immaginazione come strumento di conoscenza o come identificazione con l'anima del mondo. A chi va la mia opzione? Stando a quanto dicevo, dovrei essere un deciso fautore della prima tendenza, perché il racconto è per me unificazione d'una logica spontanea delle immagini e di un disegno condotto secondo un'intenzione razionale. Ma nello stesso tempo ho sempre cercato nella immaginazione un mezzo per raggiungere una conoscenza extraindividuale, extrasoggettiva; dunque sarebbe giusto che mi dichiarassi più vicino alla seconda posizione, quella dell'identificazione con l'anima del mondo.

Ma c'è un'altra definizione in cui mi riconosco pienamente ed è l'immaginazione come repertorio del potenziale, dell'ipotetico, di ciò che non è né è stato né forse sarà ma che avrebbe potuto essere. Nella trattazione di Starobinski questo aspetto è presente là dove viene ricordata la concezione di Giordano Bruno. Lo *spiritus phantasticus* secondo Giordano Bruno è «mundus quidem et sinus inexplebilis formarum et specierum» (un mondo o un golfo, mai saturabile, di forme e d'immagini). Ecco, io credo che attingere a questo golfo della molteplicità potenziale sia indispensabile per ogni forma di conoscenza. La mente del poeta e in qualche momento decisivo la mente dello scienziato funzionano secondo un procedimento d'associazioni d'immagini che è il sistema più veloce di collegare e scegliere tra le infinite forme del possibile e dell'impossibile. La fantasia è una specie di macchina elettronica che tiene conto di tutte le combinazioni possibili e sceglie quelle che rispondono a un fine, o che semplicemente sono le più interessanti, piacevoli, divertenti.

Mi resta da chiarire la parte che in questo golfo fantastico ha l'immaginario indiretto, ossia le immagini che ci vengono fornite dalla cultura, sia essa cultura di massa o altra forma di tradizione. Questa domanda ne porta con sé un'altra: quale sarà il futuro dell'immaginazione individuale in quella che si usa chiamare la «civiltà dell'immagine»? Il potere di evocare immagini *in assenza* continuerà a svilupparsi in un'umanità sempre più inondata dal diluvio delle immagini prefabbricate? Una volta la memoria visiva d'un individuo era limitata al patrimonio delle sue esperienze dirette e a un ridotto repertorio d'immagini riflesse dalla cultura; la possibilità di dar forma a miti personali nasceva dal modo in cui i frammenti di questa memoria si combinavano tra loro in accostamenti inattesi e suggestivi. Oggi siamo bombardati da una tale quantità d'immagini da non saper più distinguere l'esperienza diretta da ciò che abbiamo visto per pochi secondi alla televisione. La memoria è ricoperta da strati di frantumi d'immagini come un deposito di spazzatura, dove è sempre più difficile che una figura tra le tante riesca ad acquistare rilievo.

Se ho incluso la Visibilità nel mio elenco di valori da salvare è per avvertire del pericolo che stiamo correndo di perdere una facoltà umana fondamentale: il potere di mettere a fuoco visioni a occhi chiusi, di far scaturire colori e forme dall'allineamento di caratteri alfabetici neri su una pagina bianca, di *pensare* per immagini. Penso a una possibile pedagogia dell'immaginazione che abitui a controllare la propria visione interiore senza soffocarla e senza d'altra parte lasciarla cadere in un confuso, labile fantasticare, ma permettendo che le immagini si cristallizzino in una forma ben definita, memorabile, autosufficiente, «icastica».

Naturalmente si tratta d'una pedagogia che si può esercitare solo su se stessi, con metodi inventati volta per volta e risultati imprevedibili. L'esperienza della mia prima formazione è già quella d'un figlio della «civiltà delle immagini», anche se essa era ancora agli inizi, lontana dall'inflazione di oggi. Diciamo che sono figlio di un'epoca intermedia, in cui erano molto importanti le illustrazioni colorate che accompagnavano l'infanzia, nei libri e nei settimanali infantili e nei giocattoli. Credo che l'essere nato in quel periodo ha marcato profondamente la mia formazione. Il mio mondo immaginario è stato influenzato per prima cosa dalle figure del «Corriere dei Piccoli», allora il più diffuso settimanale italiano per bambini. Parlo d'una parte della mia vita che va dai tre anni ai tredici, prima che la passione per il cinema diventasse per me una possessione assoluta che durò per tutta l'adolescenza. Anzi, credo che il periodo decisivo sia stato tra i tre e i sei anni, prima che io imparassi a leggere.

Negli anni Venti il «Corriere dei Piccoli» pubblicava in Italia i più noti comics americani del tempo: Happy Hooligan, the Katzenjammer Kids, Felix the Cat, Maggie and Jiggs, tutti ribattezzati con nomi italiani. E c'erano delle serie italiane, alcune di ottima qualità come gusto grafico e stile dell'epoca. A quel tempo in Italia il sistema dei balloons con le frasi del dialogo non era ancora entrato nell'uso (cominciò negli anni Trenta quando fu importato Mickey Mouse); il «Corriere dei Piccoli» ridisegnava i cartoons americani senza balloons, che venivano sostituiti da due o quattro versi rimati sotto ogni cartoon. Comunque io che non sapevo leggere potevo fare benissimo a meno delle parole, perché mi bastavano le figure. Vivevo con questo giornalino che mia madre aveva cominciato a comprare e a collezionare già prima della mia nascita e di cui faceva rilegare le annate. Passavo le ore percorrendo i cartoons d'ogni serie da un numero all'altro, mi raccontavo mentalmente le storie interpretando le scene in diversi modi, producevo delle varianti, fondevo i singoli episodi in una storia più ampia, scoprivo e isolavo e collegavo delle costanti in ogni serie, contaminavo una serie con l'altra, immaginavo nuove serie in cui personaggi secondari diventavano protagonisti.

Quando imparai a leggere, il vantaggio che ricavai fu minimo: quei versi sempliciotti a rime baciate non fornivano informazioni illuminanti; spesso erano interpretazioni della storia fatte a lume di naso, tali e quali come le mie; era chiaro che il versificatore non aveva la minima idea di quel che poteva essere scritto nei balloons dell'originale, perché non capiva l'inglese o perché lavorava su cartoons già ridisegnati e resi muti. Comunque io preferivo ignorare le righe scritte e continuare nella mia occupazione favorita di fantasticare *dentro* le figure e nella loro successione.

Questa abitudine ha portato certamente un ritardo nella mia capacità di concentrarmi sulla parola scritta (l'attenzione necessaria per la lettura l'ho ottenuta solo più tardi e con sforzo), ma la lettura delle figure senza parole è stata certo per me una scuola di fabulazione, di stilizzazione, di composizione dell'immagine. Per esempio l'eleganza grafica di Pat O'Sullivan nel campire nel piccolo cartoon quadrato la sagoma nera di Felix the Cat su una strada che si perde nel paesaggio sormontato da una luna piena nel cielo nero, credo che sia rimasta per me un modello.

L'operazione che ho compiuto in età matura, di ricavare delle storie dalla successione delle misteriose figure dei tarocchi, interpretando la stessa figura ogni volta in maniera diversa, certamente ha le sue radici in quel mio farneticare infantile su pagine piene di figure. È una sorta di iconologia fantastica che ho tentato nel *Castello dei destini incrociati*: non solo con i tarocchi, ma anche con i quadri della grande pittura. Difatti ho cercato d'interpretare le pitture di Carpaccio a San Giorgio degli Schiavoni a Venezia, seguendo i cicli di San Giorgio e di San Gerolamo come fossero una storia unica, la vita d'una sola persona, e di identificare la mia vita con quella del Giorgio-Gerolamo. Questa iconologia fantastica è diventata il mio modo abituale di esprimere la mia grande passione per la pittura: ho adottato il metodo di raccontare le *mie* storie partendo da quadri famosi della storia dell'arte, o comunque da figure che esercitano su di me una suggestione.

Diciamo che diversi elementi concorrono a formare la parte visuale dell'immaginazione letteraria: l'osservazione diretta del mondo reale, la trasfigurazione fantasmatica e onirica, il mondo figurativo trasmesso dalla cultura ai suoi vari livelli, e un processo d'astrazione, condensazione e interiorizzazione dell'esperienza sensibile, d'importanza decisiva tanto nella visualizzazione quanto nella verbalizzazione del pensiero.

Tutti elementi in qualche misura presenti negli autori che riconosco come modelli, soprattutto nelle epoche particolarmente felici per l'immaginazione visuale, nelle letterature del Rinascimento e del Barocco e in quelle del Romanticismo. In una mia antologia del racconto fantastico nel secolo XIX, ho seguito la vena visionaria e spettacolare che trabocca dai racconti di Hoffmann, Chamisso, Arnim, Eichendorff, Potocki, Gogol, Nerval, Gautier, Hawthorne, Poe, Dickens, Turgenev, Leskov, e arriva fino a Stevenson, a Kipling, a Wells. E parallelamente a questa vena ne ho seguito un'altra, talora negli stessi autori, che fa scaturire il fantastico dal quotidiano, un fantastico interiorizzato, mentale, invisibile, che culminerà in Henry James.

Sarà possibile la letteratura fantastica nel Duemila, in una crescente inflazione d'immagini prefabbricate? Le vie che vediamo aperte fin da ora possono essere due. 1) Riciclare le immagini usate in un nuovo contesto che ne cambi il significato. Il post-modernism può essere considerato la tendenza a fare un uso ironico dell'immaginario dei mass media, oppure a immettere il gusto del meraviglioso ereditato dalla tradizione letteraria in meccanismi narrativi che ne accentuino l'estraneazione. 2) Oppure fare il vuoto per ripartire da zero. Samuel Beckett ha ottenuto i risultati più straordinari riducendo al minimo elementi visuali e linguaggio, come in un mondo dopo la fine del mondo.

Forse il primo testo in cui tutti questi problemi sono presenti allo stesso tempo, è stato *Le chef-d'œuvre inconnu* di Balzac. E non è un caso che una comprensione che possiamo dire profetica sia venuta da Balzac, situato in un punto nodale della storia della letteratura, in un'esperienza «di confine», ora visionario ora realista, ora l'uno e l'altro insieme, sempre come trascinato dalla forza della natura, ma anche sempre molto cosciente di quello che sta facendo.

Le chef-d'œuvre inconnu, a cui Balzac lavorò dal 1831 al 1837, all'inizio aveva come sottotitolo «conte fantastique» mentre nella versione definitiva figura come «étude philosophique». In mezzo era successo che — come lo stesso Balzac dichiara in un altro racconto — «la littérature a tué le fantastique». Il quadro perfetto del vecchio pittore Frenhofer nel quale solo un piede femminile emerge da un caos di colori, da una nebbia senza forma, nella prima versione del racconto (1813 in rivista) viene compreso e ammirato dai due colleghi

Pourbus e Nicolas Poussin. «Combien de jouissances sur ce morceau de toile!» (Quante delizie su questa piccola superficie di tela!). E anche la modella che non lo capisce ne resta in qualche modo suggestionata.

Nella seconda versione (sempre 1831, in volume) qualche battuta aggiunta dimostra l'incomprensione dei colleghi. Frenhofer è ancora un mistico illuminato che vive per il suo ideale, ma è condannato alla solitudine. La versione definitiva del 1837 aggiunge molte pagine di riflessioni tecniche sulla pittura, e un finale in cui risulta chiaro che Frenhofer è un folle che finirà per rinchiudersi col suo preteso capolavoro, per poi bruciarlo e suicidarsi.

Le chef-d'œuvre inconnu è stato commentato molte volte come una parabola sullo sviluppo dell'arte moderna. Leggendo l'ultimo di questi studi, quello di Hubert Damisch (in *Fenêtre jaune cadmium*, Éd. du Seuil, Paris 1984) ho capito che il racconto può anche essere letto come una parabola sulla letteratura, sul divario incolmabile tra espressione linguistica e esperienza sensibile, sulla inafferrabilità dell'immaginazione visiva. La prima versione contiene una definizione del fantastico come indefinibile: «Pour toutes ces singularités, l'idiome moderne n'a qu'un mot: *c'était indéfinissable...* Admirable expression. Elle résume la littérature fantastique; elle dit tout ce qui échappe aux perceptions bornées de notre esprit; et quand vous l'avez placée sous les yeux d'un lecteur, il est lancé dans l'espace imaginaire...».

Negli anni seguenti Balzac rifiuta la letteratura fantastica, che per lui aveva voluto dire l'arte come conoscenza mistica del tutto; intraprende la descrizione minuziosa del mondo com'è, sempre nella convinzione di esprimere il segreto della vita. Come Balzac ha lungamente esitato se fare di Frenhofer un veggente o un pazzo, il suo racconto continua a portare in sé un'ambiguità in cui sta la sua verità più profonda. La fantasia dell'artista è un mondo di potenzialità che nessuna opera riuscirà a mettere in atto; quello di cui facciamo esperienza vivendo è un altro mondo, che risponde ad altre forme d'ordine e di disordine; gli strati di parole che s'accumulano sulle pagine come gli strati di colore sulla tela sono un altro mondo ancora, anch'esso infinito, ma più governabile, meno refrattario a una forma. Il rapporto tra i tre mondi è quell'*indefinibile* di cui parlava Balzac: o meglio, noi lo diremmo *indecidibile*, come il paradosso d'un insieme infinito che contiene altri insiemi infiniti.

Lo scrittore — parlo dello scrittore d'ambizioni infinite, come Balzac — compie operazioni che coinvolgono l'infinito della sua immaginazione o l'infinito della contingenza esperibile, o entrambi, con l'infinito delle possibilità linguistiche della scrittura. Qualcuno potrebbe obiettare che una singola vita, dalla nascita alla morte, può contenere solo una quantità finita d'informazione: come possono l'immaginario individuale e l'esperienza individuale estendersi al di là di quel limite? Ebbene credo che questi tentativi di sfuggire alla vertigine dell'innumerevole siano vani. Giordano Bruno ci ha spiegato come lo «spiritus phantasticus» dal quale la fantasia dello scrittore attinge forme e figure è un pozzo senza fondo; e quanto alla realtà esterna, la *Commedia umana* di Balzac parte dal presupposto che il mondo scritto possa costituirsi in omologia del mondo vivente, di quello di oggi come di quello di ieri e di domani.

Il Balzac fantastico aveva cercato di catturare l'anima del mondo in una singola figura tra le infinite immaginabili; ma per far questo doveva caricare la parola scritta d'una tale intensità che essa avrebbe finito per non rimandare più a un mondo al di fuor di essa, come i colori e le linee del quadro di Frenhofer. Affacciatosi a questa soglia, Balzac s'arresta, e cambia il suo programma. Non più la scrittura intensiva ma la scrittura estensiva. Il Balzac realista cercherà di coprire di scrittura la distesa infinita dello spazio e del tempo brulicanti di multitudini, di vite, di storie.

Ma non potrebbe verificarsi ciò che avviene nei quadri di

Escher che Douglas R. Hofstadter cita per illustrare il paradosso di Gödel? In una galleria di quadri, un uomo guarda il paesaggio d'una città e questo paesaggio s'apre a includere anche la galleria che lo contiene e l'uomo che lo sta guardando. Balzac nella Commedia umana infinita dovrà includere anche lo scrittore fantastico che lui è o è stato, con tutte le sue infinite fantasie; e dovrà includere lo scrittore realista che lui è o vuol essere, intento a catturare l'infinito mondo reale nella sua Commedia umana. (Ma forse è il mondo interiore del Balzac fantastico a includere il mondo interiore del Balzac realista, perché una delle infinite fantasie del primo coincide coll'infinito realistico della Commedia umana...).

Comunque, tutte le «realtà» e le «fantasie» possono prendere forma solo attraverso la scrittura, nella quale esteriorità e interiorità, mondo e io, esperienza e fantasia appaiono composte della stessa materia verbale; le visioni polimorfe degli occhi e dell'anima si trovano contenute in righe uniformi di caratteri minuscoli o maiuscoli, di punti, di virgole, di parentesi; pagine di segni allineati fitti fitti come granelli di sabbia rappresentano lo spettacolo variopinto del mondo in una superficie sempre uguale e sempre diversa, come le dune spinte dal vento del deserto.

5
Molteplicità

Cominciamo con una citazione:

Nella sua saggezza e nella sua povertà molisana, il dottor Ingravallo, che pareva vivere di silenzio e di sonno sotto la giungla nera di quella parrucca, lucida come pece e riccioluta come d'agnello d'Astrakan, nella sua saggezza interrompeva talora codesto sonno e silenzio per enunciare qualche teoretica idea (idea generale s'intende) sui casi degli uomini: e delle donne. A prima vista, cioè al primo udirle, sembravano banalità. Non erano banalità. Così quei rapidi enunciati, che facevano sulla sua bocca il crepitio improvviso d'uno zolfanello illuminatore, rivivevano poi nei timpani della gente a distanza di ore, o di mesi, dalla enunciazione: come dopo un misterioso tempo incubatorio. «Già!» riconosceva l'interessato: «il dottor Ingravallo me l'aveva pur detto». Sosteneva, fra l'altro, che le inopinate catastrofi non sono mai la conseguenza o l'effetto che dir si voglia d'un unico motivo, d'una causa al singolare: ma sono come un vortice, un punto di depressione ciclonica nella coscienza del mondo, verso cui hanno cospirato tutta una molteplicità di causali convergenti. Diceva anche nodo o groviglio, o garbuglio, o gnommero, che alla romana vuol dire gomitolo. Ma il termine giuridico «le causali, la causale» gli sfuggiva preferentemente di bocca: quasi contro sua voglia. L'opinione che bisognasse

101

«riformare in noi il senso della categoria di causa» quale avevamo dai filosofi, da Aristotele o da Emmanuele Kant, e sostituire alla causa le cause era in lui una opinione centrale e persistente: una fissazione, quasi: che gli evaporava dalle labbra carnose, ma piuttosto bianche, dove un mozzicone di sigaretta spenta pareva, pencolando da un angolo, accompagnare la sonnolenza dello sguardo e il quasi-ghigno, tra amaro e scettico, a cui per «vecchia» abitudine soleva atteggiare la metà inferiore della faccia, sotto quel sonno della fronte e delle palpebre e quel nero pìceo della parrucca. Così, proprio così, avveniva dei «suoi» delitti. «Quanno me chiammeno!... Già. Si me chiammeno a me... può sta ssicure ch'è nu guaio: quacche gliuommero... de sberretà...» diceva, contaminando napolitano, molisano, e italiano.

La causale apparente, la causale principe, era sì, una. Ma il fattaccio era l'effetto di tutta una rosa di causali che gli eran soffiate addosso a molinello (come i sedici venti della rosa dei venti quando s'avviluppano a tromba in una depressione ciclonica) e avevano finito per strizzare nel vortice del delitto la debilitata «ragione del mondo». Come si storce il collo a un pollo. E poi soleva dire, ma questo un po' stancamente, «ch'i' femmene se retroveno addo' n'i vuò truvà». Una tarda riedizione italica del vieto «cherchez la femme». E poi pareva pentirsi, come d'aver calunniato 'e femmene, e voler mutare idea. Ma allora si sarebbe andati nel difficile. Sicché taceva pensieroso, come temendo d'aver detto troppo. Voleva significare che un certo movente affettivo, un tanto o, direste oggi, un quanto di affettività, un certo «quanto di erotia», si mescolava anche ai «casi d'interesse», ai delitti apparentemente più lontani dalle tempeste d'amore. Qualche collega un tantino invidioso delle sue trovate, qualche prete più edotto dei molti danni del secolo, alcuni subalterni, certi uscieri, i superiori, sostenevano che leggesse dei libri strani: da cui cavava tutte quelle parole che non vogliono dir nulla, o quasi nulla, ma servono come non altre ad accileccare gli sprovveduti, gli ignari. Erano questioni un po' da manicomio: una terminologia da medici dei matti. Per la pratica ci vuol altro! I fumi e le filosoficherie son da lasciare ai trattatisti: la pratica dei commissariati e della squadra mobile è tutt'un altro affare: ci vuole della gran pazienza, della gran carità: uno stomaco pur anche a posto: e, quando non traballi tutta la baracca dei taliani, senso di responsabilità e decisione sicura, moderazione civile; già: già: e polso fermo. Di queste obiezioni così giuste lui, don Ciccio, non se ne dava per inteso: seguitava a dormire in piedi, a filosofare a stomaco vuoto, e a fingere di fumare la sua mezza sigheretta, regolarmente spenta.

Il passo che avete ascoltato figura all'inizio del romanzo *Quer pasticciaccio brutto de via Merulana* di Carlo Emilio Gadda. Ho voluto cominciare con questa citazione perché mi pare che si presti molto bene a introdurre il tema della mia conferenza, che è il romanzo contemporaneo come enciclopedia, come metodo di conoscenza, e soprattutto come rete di connessione tra i fatti, tra le persone, tra le cose del mondo.

Avrei potuto scegliere altri autori per esemplificare questa vocazione del romanzo del nostro secolo. Ho scelto Gadda non solo perché si tratta d'uno scrittore della mia lingua, relativamente poco conosciuto tra voi (anche per la sua particolare complessità stilistica, difficile anche in italiano), ma soprattutto perché la sua filosofia si presta molto bene al mio discorso, in quanto egli vede il mondo come un «sistema di sistemi», in cui ogni sistema singolo condiziona gli altri e ne è condizionato.

Carlo Emilio Gadda cercò per tutta la sua vita di rappresentare il mondo come un garbuglio, o groviglio, o gomitolo, di rappresentarlo senza attenuarne affatto l'inestricabile complessità, o per meglio dire la presenza simultanea degli elementi più eterogenei che concorrono a determinare ogni evento.

A questa visione Gadda era condotto dalla sua formazione intellettuale, dal suo temperamento di scrittore, e dalla sua nevrosi. Come formazione intellettuale Gadda era un ingegnere, nutrito di cultura scientifica, di competenze tecniche e di una vera passione filosofica. Quest'ultima egli la tenne — si può dire — segreta: è solo nelle sue carte postume che fu scoperto l'abbozzo d'un sistema filosofico che si rifà a Spinoza e a Leibniz. Come scrittore, Gadda — considerato come una sorta d'equivalente italiano di Joyce — ha elaborato uno stile che corrisponde alla sua complessa epistemologia, in quanto sovrapposizione dei vari livelli linguistici alti e bassi e dei più vari lessici. Come nevrotico, Gadda getta tutto se stesso nella pagina che scrive, con tutte le sue angosce e ossessioni, cosicché spesso il disegno si perde, i dettagli crescono fino a coprire tutto il quadro. Quello che doveva essere un romanzo poliziesco resta senza soluzione; si può dire che tutti i suoi romanzi siano rimasti allo stato d'opere incompiute o di frammenti, come rovine d'ambiziosi progetti, che conservano i segni dello sfarzo e della cura meticolosa con cui furono concepite.

Per valutare come l'enciclopedismo di Gadda può comporsi in una costruzione compiuta, bisogna rivolgersi ai testi più brevi, come per esempio una ricetta per il «risotto alla milanese», che è un capolavoro di prosa italiana e di sapienza pratica, per il modo in cui egli descrive i chicchi di riso in parte rivestiti ancora del loro involucro («pericarpo»), le casseruole più adatte, lo zafferano, le varie fasi della cottura. Un altro testo consimile è dedicato alla tecnologia edilizia che dopo l'adozione del cemento armato e dei mattoni vuoti non preserva più le case dal calore né dal rumore; ne segue una grottesca descrizione della sua vita in un edificio moderno e della sua ossessione per tutti i rumori dei vicini che gli arrivano agli orecchi.

Nei testi brevi come in ogni episodio dei romanzi di Gadda, ogni minimo oggetto è visto come il centro d'una rete di relazioni che lo scrittore non sa trattenersi dal seguire, moltiplicando i dettagli in modo che le sue descrizioni e divagazioni diventano infinite. Da qualsiasi punto di partenza il discorso s'allarga a comprendere orizzonti sempre più vasti, e se potesse continuare a svilupparsi in ogni direzione arriverebbe ad abbracciare l'intero universo.

L'esempio migliore di questa rete che si propaga a partire da ogni oggetto è l'episodio del ritrovamento dei gioielli rubati al capitolo 9 di *Quer pasticciaccio brutto de via Merulana*. Relazioni di ogni pietra preziosa con la storia geologica, con la sua composizione chimica, con i riferimenti storici e artistici e anche con tutte le destinazioni possibili, e con le associazioni d'immagini che esse suscitano. Il saggio critico fondamentale sulla epistemologia implicita nella scrittura di Gadda (Gian Carlo Roscioni, *La disarmonia prestabilita*, Einaudi, Torino 1969) si apre con un'analisi di quelle cinque pagine sui gioielli. Partendo di là, Roscioni spiega come per Gadda questa conoscenza delle cose in quanto «infinite relazioni, passate e future, reali o possibili, che in esse convergono» esige che tutto sia esattamente nominato, descritto, ubicato nello spazio e nel tempo. Ciò avviene mediante lo sfruttamento del potenziale semantico delle parole, di tutta la varietà di forme verbali e sintattiche con le loro connotazioni e coloriture e gli effetti il più delle volte comici che il loro accostamento comporta.

Una comicità grottesca con punte di disperazione smaniosa caratterizza la visione di Gadda. Prima ancora che la scienza avesse ufficialmente riconosciuto il principio che l'osservazione interviene a modificare in qualche modo il fenomeno osservato, Gadda sapeva che «conoscere è inserire alcunché nel reale; è, quindi, deformare il reale». Da ciò il suo tipico modo di rappresentare sempre deformante, e la tensione che sempre egli stabilisce tra sé e le cose rappresentate, di modo che quanto più il mondo si deforma sotto i suoi occhi, tanto più il self dell'autore viene coinvolto da questo processo, deformato, sconvolto esso stesso.

La passione conoscitiva riporta dunque Gadda dall'oggettività del mondo alla sua propria soggettività esasperata e questo per un uomo che non ama se stesso, anzi si detesta, è una spaventosa tortura, com'è abbondantemente rappresentato nel suo romanzo *La cognizione del dolore*. In questo libro Gadda scoppia in un'invettiva furiosa contro il pronome io, anzi contro tutti i pronomi, parassiti del pensiero: «... l'io, io! ... il più lurido di tutti i pronomi!... I pronomi! Sono i pidocchi del pensiero. Quando il pensiero ha i pidocchi, si gratta come tutti quelli che hanno i pidocchi ... e nelle unghie, allora ... ci ritrova i pronomi: i pronomi di persona».

Se la scrittura di Gadda è definita da questa tensione tra esattezza razionale e deformazione frenetica come componenti fondamentali d'ogni processo conoscitivo, negli stessi anni un altro scrittore di formazione tecnico-scientifica e filosofica, anche lui ingegnere, Robert Musil, esprimeva la tensione tra esattezza matematica e approssimazione degli eventi umani, mediante una scrittura completamente diversa: scorrevole e ironica e controllata. Una matematica delle soluzioni singole: questo era il sogno di Musil:

> Aber er hatte noch etwas auf der Zunge gehabt; etwas von mathematischen Aufgaben, die keine allgemeine Lösung zulassen, wohl aber Einzellösungen, durch deren Kombination man sich der allgemeinen Lösung nähert. Er hätte hinzufügen können, dass er die Aufgabe des menschlichen Lebens für eine solche ansah. Was man ein Zeitalter nennt—ohne zu wissen, ob man Jahr-

hunderte, Jahrtausende oder die Spanne zwischen Schu-
le und Enkelkind darunter verstehen soll—dieser breite,
ungeregelte Fluss von Zuständen würde dann ungefähr
ebensoviel bedeuten wie ein planloses Nacheinander
von ungenügenden und einzeln genommen falschen
Lösungsversuchen, aus denen, erst wenn die Mensch-
heit sie zusammenzufassen verstünde, die richtige und
totale Lösung hervorgehen könnte.

In der Strassenbahn erinnerte er sich auf dem Heim-
weg daran.

Ma Ulrich era stato lì lì per dir altro; parlare dei problemi matematici che non consentono una soluzione
generale ma piuttosto soluzioni singole che, combinate,
s'avvicinano alla soluzione generale. Avrebbe potuto aggiungere che tale gli appariva anche il problema della
vita umana. Ciò che si suol chiamare un periodo — senza sapere se si debba intendere secoli, millenni, o gli anni fra la scuola e i nipotini — quell'ampia disordinata
fiumana di situazioni, sarebbe allora un susseguirsi a ca-
saccio di tentativi di soluzione, insufficienti e, se presi
singolarmente, anche sbagliati, dai quali, se l'umanità li
sapesse riassumere, potrebbe infine risultare la soluzione esatta e totale. Ci ripensò tornando a casa in tram...
(*L'uomo senza qualità*, vol. I, parte II, cap. 83)

La conoscenza per Musil è coscienza dell'inconciliabilità
di due polarità contrapposte: una che egli chiama ora esattezza ora matematica ora spirito puro ora addirittura mentalità
militare, e l'altra che chiama ora anima ora irrazionalità ora
umanità ora caos. Tutto quello che egli sa o che egli pensa,
lo deposita in un libro enciclopedico a cui cerca di conservare
la forma di romanzo, ma la struttura dell'opera cambia continuamente, gli si disfa tra le mani, cosicché non solo non riesce a finire il romanzo, ma neppure a decidere quali dovreb-

bero esserne le linee generali, per contenere l'enorme massa di materiali entro precisi contorni. Un confronto tra i due scrittori-ingegneri, Gadda, per cui comprendere era lasciarsi coinvolgere nella rete delle relazioni, e Musil che dà l'impressione di capire sempre tutto nella molteplicità dei codici e dei livelli senza lasciarsi mai coinvolgere, deve registrare anche questo dato comune a entrambi: l'incapacità a concludere.

Neanche Proust riesce a vedere finito il suo romanzo-enciclopedia, ma non certo per mancanza di disegno, dato che l'idea della *Recherche* nasce tutt'insieme, principio e fine e linee generali, ma perché l'opera va infoltendosi e dilatandosi dal di dentro in forza del suo stesso sistema vitale. La rete che lega ogni cosa è anche il tema di Proust; ma in Proust questa rete è fatta di punti spazio-temporali occupati successivamente da ogni essere, il che comporta una moltiplicazione infinita delle dimensioni dello spazio e del tempo. Il mondo si dilata fino a diventare inafferrabile, e per Proust la conoscenza passa attraverso la sofferenza di questa inafferrabilità. In questo senso la gelosia che il narratore prova per Albertine è una tipica esperienza di conoscenza:

> ...Et je comprenais l'impossibilité où se heurte l'amour. Nous nous imaginons qu'il a pour objet un être qui peut être couché devant nous, enfermé dans un corps. Hélas! Il est l'extension de cet être à tous les points de l'espace et du temps que cet être a occupés et occupera. Si nous ne possédons pas son contact avec tel lieu, avec telle heure, nous ne le possédons pas. Or nous ne pouvons toucher tous ces points. Si encore ils nous étaient désignés, peut-être pourrions-nous nous étendre jusqu'à eux. Mais nous tâtonnons sans les trouver. De là la défiance, la jalousie, les persécutions. Nous perdons un temps précieux sur une piste absurde et nous passons sans le soupçonner à côté du vrai.

E comprendevo l'impossibilità contro la quale urta l'amore. Noi ci figuriamo che esso abbia come oggetto un essere che può star coricato davanti a noi, chiuso in un corpo. Ahimè! l'amore è l'estensione di tale essere a tutti i punti dello spazio e del tempo che ha occupati e occuperà. Se non possediamo il suo contatto con il tale luogo, con la tale ora, noi non lo possediamo. Ma tutti quei punti non possiamo toccarli. Forse, se ci venissero indicati, potremmo arrivare sino a essi; ma noi procediamo a tentoni senza trovarli. Di qui la diffidenza, la gelosia, le persecuzioni. Perdiamo un tempo prezioso su di una pista assurda, e passiamo senz'accorgercene accanto alla verità.

Questo passo è nella pagina della *Prisonnière* (ed. Pléiade, III, p. 100) sulle divinità irascibili che governano i telefoni. Poche pagine più in là assistiamo alle prime esibizioni degli aeroplani, così come nel volume precedente avevamo visto le automobili prendere il posto delle carrozze cambiando il rapporto dello spazio col tempo, tanto che «l'art en est aussi modifié». (id., II, p. 996). Dico questo per dimostrare che Proust quanto a conoscenza tecnologica non ha niente da invidiare ai due scrittori-ingegneri che ho citato prima. L'avvento della modernità tecnologica che vediamo profilarsi a poco a poco nella *Recherche* non fa solo parte del «colore del tempo» ma della forma stessa dell'opera, della sua ragione interna, della sua ansia di dar fondo alla molteplicità dello scrivibile nella brevità della vita che si consuma.

Nella mia prima conferenza ero partito dai poemi di Lucrezio e di Ovidio e dal modello d'un sistema d'infinite relazioni di tutto con tutto che si trova in quei due libri così diversi. In questa conferenza credo che i riferimenti alle letterature del passato possano essere ridotti al minimo, a quanto basta per dimostrare come nella nostra epoca la letteratura sia venuta facendosi carico di questa antica ambizione di rappresentare la molteplicità delle relazioni, in atto e potenziali. L'eccessiva ambizione dei propositi può essere rimproverabile in molti campi d'attività, non in letteratura. La letteratura vive solo se si pone degli obiettivi smisurati, anche al di là d'ogni possibilità di realizzazione. Solo se poeti e scrittori si proporranno imprese che nessun altro osa immaginare la letteratura continuerà ad avere una funzione. Da quando la scienza diffida dalle spiegazioni generali e dalle soluzioni che non siano settoriali e specialistiche, la grande sfida per la letteratura è il saper tessere insieme i diversi saperi e i diversi codici in una visione plurima, sfaccettata del mondo.

Uno scrittore che certo non poneva limiti all'ambizione dei propri progetti era Goethe, il quale nel 1780 confida a Charlotte von Stein di star progettando un «romanzo sull'universo». Poco sappiamo di come egli pensasse di dar corpo a questa idea, ma già l'aver scelto il romanzo come forma letteraria che possa contenere l'universo intero è un fatto carico di futuro. Negli stessi anni, pressappoco, Lichtenberg scriveva: «Credo che un poema sullo spazio vuoto potrebbe essere sublime». L'universo e il vuoto: tornerò su questi due termini tra i quali vediamo oscillare il punto d'arrivo della letteratura, e che spesso tendono a identificarsi.

Ho trovato le citazioni di Goethe e di Lichtenberg nell'affascinante libro di Hans Blumenberg, *Die Lesbarkeit der Welt* (La leggibilità del mondo, il Mulino, Bologna 1984), nei cui ultimi capitoli l'autore segue la storia di questa ambizione, da Novalis che si propone di scrivere un «libro assoluto», visto ora come una «enciclopedistica», ora come una «Bibbia», a Humboldt che con *Kosmos* porta a termine il suo progetto di una «descrizione dell'universo fisico».

Il capitolo di Blumenberg che più interessa il mio tema è quello intitolato *Il libro vuoto del mondo*, dedicato a Mallarmé e a Flaubert. Sono sempre stato affascinato dal fatto che Mallarmé, che nei suoi versi era riuscito a dare un'impareggiabile forma cristallina al nulla, abbia dedicato gli ultimi anni della sua vita al progetto d'un libro assoluto come fine ultimo dell'universo, misterioso lavoro di cui egli ha distrutto ogni traccia. Così come mi affascina pensare che Flaubert, che aveva scritto a Louise Colet, il 16 gennaio 1852, «ce que je voudrais faire, c'est un livre sur rien», abbia dedicato gli ultimi dieci anni della sua vita al romanzo più enciclopedico che sia mai stato scritto, *Bouvard et Pécuchet*.

Bouvard et Pécuchet è certo il vero capostipite dei romanzi che stasera passo in rassegna, anche se la patetica ed esilarante traversata del sapere universale compiuta dai due Don Quijote dello scientismo ottocentesco si presenta come un susseguirsi di naufragi. Per i due candidi autodidatti ogni libro apre un mondo, ma sono mondi che si escludono a vicenda, o che con le loro contraddizioni distruggono ogni possibilità di certezza. Per quanta buona volontà ci mettano, i due scrivani sono privi di quella specie di grazia soggettiva che permette d'adeguare le nozioni all'uso che se ne vuol fare o al gratuito piacere che se ne vuole trarre, una dote insomma che non s'impara sui libri.

Come va inteso il finale dell'incompiuto romanzo, con la rinuncia di Bouvard e Pécuchet a comprendere il mondo, la loro rassegnazione al destino di scrivani, la loro decisione a dedicarsi a copiare i libri della biblioteca universale? Dobbiamo concludere che nell'esperienza di Bouvard e Pécuchet enciclopedia e nulla si saldano? Ma dietro i due personaggi sta Flaubert, che per nutrire le loro avventure capitolo per capitolo, deve costruirsi una competenza per ogni ramo dello scibile, edificare una scienza che i suoi due eroi possano distruggere. Perciò legge manuali d'agricoltura e orticoltura, di chimica, anatomia, medicina, geologia... In una lettera dell'agosto 1873 dice di aver letto a questo scopo, prendendo note, 194 volumi; nel giugno 1874 questa cifra è già salita a 294; cinque anni dopo può annunciare a Zola: «Mes lectures sont finies et je n'ouvre plus aucun bouquin jusqu'à la terminai-

son de mon roman». Ma nella corrispondenza di poco poste-
riore lo ritroviamo alle prese con letture ecclesiastiche, poi
passa a occuparsi di pedagogia, e questa disciplina lo obbliga
a riaprire un ventaglio di scienze le più disparate. A gennaio
1880 scrive: «Savez-vous à combien se montent les volumes
qu'il m'a fallu absorber pour mes deux bonhommes? A plus
de 1500!».

L'epopea enciclopedica dei due autodidatti è dunque *dou-
blée* da una impresa titanica parallela compiuta nella realtà: è
Flaubert in persona che si trasforma in un'enciclopedia universale, assimilando con una passione non minore a quella
dei suoi eroi tutto il sapere che essi cercano di far proprio e
tutto quello che resterà loro escluso. Tanta fatica per dimostrare la vanità del sapere così come lo usano i due autodidatti? («Du défaut de méthode dans les sciences» è il sottotitolo
che Flaubert voleva dare al romanzo; lettera del 16 dicembre
1879). O per dimostrare la vanità del sapere *tout court*?

Un romanziere enciclopedico d'un secolo dopo, Raymond
Queneau, ha scritto un saggio per difendere i due eroi dal-
l'accusa di *bêtise* (la loro dannazione è d'essere «épris d'absolu» e di non ammettere le contraddizioni né il dubbio) e per
difendere Flaubert dalla semplicistica definizione di «avversario della scienza».

«Flaubert est *pour* la science», dice Queneau, «dans la me-
sure justement où celle-ci est sceptique, méthodique, pruden-
te, humaine. Il a horreur des dogmatiques, des métaphysi-
ciens, des philosophes» (Flaubert è *per* la scienza nella precisa misura in cui essa è scettica, riservata, metodica, pruden-
te, umana. Ha orrore dei dogmatici, dei metafisici, dei filosofi). (*Segni, cifre e lettere*)

Lo scetticismo di Flaubert, insieme con la sua curiosità infinita per lo scibile umano accumulato nei secoli, sono le doti che verranno fatte proprie dai più grandi scrittori del secolo xx; ma per loro parlerei di scetticismo attivo, di senso del
gioco e della scommessa nell'ostinazione a stabilire relazioni

tra i discorsi e i metodi e i livelli. La conoscenza come molteplicità è il filo che lega le opere maggiori, tanto di quello che viene chiamato modernismo quanto di quello che viene chiamato il *postmodern*, un filo che — al di là di tutte le etichette — vorrei continuasse a svolgersi nel prossimo millennio.

Ricordiamo che il libro che possiamo considerare la più completa introduzione alla cultura del nostro secolo è stato un romanzo: *Der Zauberberg* (La montagna incantata) di Thomas Mann. Si può dire che dal mondo chiuso del sanatorio alpino si dipartano tutti i fili che saranno svolti dai maîtres à penser del secolo: tutti i temi che ancor oggi continuano a nutrire le discussioni vi sono preannunciati e passati in rassegna.

Quella che prende forma nei grandi romanzi del XX secolo è l'idea d'una enciclopedia *aperta*, aggettivo che certamente contraddice il sostantivo *enciclopedia*, nato etimologicamente dalla pretesa di esaurire la conoscenza del mondo rinchiudendola in un circolo. Oggi non è più pensabile una totalità che non sia potenziale, congetturale, plurima.

A differenza della letteratura medievale che tendeva a opere che esprimessero l'integrazione dello scibile umano in un ordine e una forma di stabile compattezza, come la *Divina Commedia*, dove convergono una multiforme ricchezza linguistica e l'applicazione d'un pensiero sistematico e unitario, i libri moderni che più amiamo nascono dal confluire e scontrarsi d'una molteplicità di metodi interpretativi, modi di pensare, stili d'espressione. Anche se il disegno generale è stato minuziosamente progettato, ciò che conta non è il suo chiudersi in una figura armoniosa, ma è la forza centrifuga che da esso si sprigiona, la pluralità dei linguaggi come garanzia d'una verità non parziale. Com'è provato proprio dai due grandi autori del nostro secolo che più si richiamano al Medioevo, T.S. Eliot e James Joyce, entrambi cultori di Dante, entrambi con una forte consapevolezza teologica (sia pur con diverse intenzioni). T.S. Eliot dissolve il disegno teologico nella leggerezza dell'ironia e nel vertiginoso incantesimo verbale. Joyce che ha tutte le intenzioni di costruire un'opera sistematica e enciclopedica e interpretabile su vari livelli secondo l'ermeneutica medievale (e redige tavole di corrispondenze dei capitoli di *Ulysses* con le parti del corpo umano, le arti, i colori, i simboli) è soprattutto l'enciclopedia degli stili che realizza, capitolo per capitolo in *Ulysses* o convogliando la molteplicità polifonica nel tessuto verbale del *Finnegans Wake*.

È tempo di mettere un po' d'ordine nelle proposte che sono andato accumulando come esempi di molteplicità.

C'è il testo unitario che si svolge come il discorso d'una singola voce e che si rivela interpretabile su vari livelli. Qui il primato dell'invenzione e del tour-de-force va ad Alfred Jarry per *L'amour absolu* (1899) un romanzo di cinquanta pagine che può essere letto come tre storie completamente diverse: 1) l'attesa d'un condannato a morte nella sua cella la notte prima dell'esecuzione; 2) il monologo d'un uomo che soffre d'insonnia e che nel dormiveglia sogna d'essere condannato a morte; 3) la storia di Cristo.

C'è il testo plurimo, che sostituisce alla unicità d'un io pensante una molteplicità di soggetti, di voci, di sguardi sul mondo, secondo quel modello che Michail Bachtin ha chiamato «dialogico» o «polifonico» o «carnevalesco», rintracciandone gli antecedenti da Platone a Rabelais a Dostojevski.

C'è l'opera che nell'ansia di contenere tutto il possibile non riesce a darsi una forma e a disegnarsi dei contorni e resta incompiuta per vocazione costituzionale, come abbiamo visto in Musil e in Gadda.

C'è l'opera che corrisponde in letteratura a quello che in filosofia è il pensiero non sistematico, che procede per aforismi, per lampeggiamenti puntiformi e discontinui, e qui è giunto il momento di citare un autore che non mi stanco mai di leggere, Paul Valéry. Parlo della sua opera in prosa fatta di saggi di poche pagine e di note di poche righe dei suoi carnets. «Une philosophie doit être portative» (Una "filosofia" deve essere portatile), egli ha detto (XXIV, 713), ma anche: «J'ai cherché, je cherche et chercherai pour ce que je nomme le Phénomène Total, c'est à dire le Tout de la conscience, des relations, des conditions, des possibilités, des impossibilités...» (XII, 722).

Tra i valori che vorrei fossero tramandati al prossimo millennio c'è soprattutto questo: d'una letteratura che abbia fatto proprio il gusto dell'ordine mentale e della esattezza, l'intelligenza della poesia e nello stesso tempo della scienza e della filosofia, come quella del Valéry saggista e prosatore. (E se ricordo Valéry in un contesto in cui dominano i nomi di romanzieri, è anche perché, lui che romanziere non era, anzi, grazie a una sua famosa battuta, passava per il liquidatore della narrativa tradizionale, era un critico che sapeva capire i romanzi come nessuno, proprio definendone la specificità in quanto romanzi).

Nella narrativa se dovessi dire chi ha realizzato perfettamente l'ideale estetico di Valéry d'esattezza nell'immaginazione e nel linguaggio, costruendo opere che rispondono alla rigorosa geometria del cristallo e all'astrazione d'un ragionamento deduttivo, direi senza esitazione Jorge Luis Borges. Le ragioni della mia predilezione per Borges non si fermano qui; cercherò di enumerarne le principali: perché ogni suo testo contiene un modello dell'universo o d'un attributo dell'universo: l'infinito, l'innumerabile, il tempo, eterno o compresente o ciclico; perché sono sempre testi contenuti in poche pagine, con una esemplare economia d'espressione; perché spesso i suoi racconti adottano la forma esteriore d'un qualche genere della letteratura popolare, forme collaudate da un lungo uso, che ne fa quasi delle strutture mitiche. Per esempio il suo più vertiginoso saggio sul tempo, *El jardín de los senderos que se bifurcan* (*Ficciones*, Emecé, Buenos Aires

1956), si presenta come un racconto di spionaggio, che include un racconto logico-metafisico, che include a sua volta la descrizione d'uno sterminato romanzo cinese, il tutto concentrato in una dozzina di pagine.

Le ipotesi che Borges enuncia in questo racconto, ognuna contenuta (e quasi nascosta) in poche righe, sono: un'idea di tempo puntuale, quasi un assoluto presente soggettivo «...reflexioné que todas las cosas le suceden a uno precisamente, precisamente ahora. Siglos de siglos y sólo en el presente ocurren los hechos; innumerables hombres en el aire, en la tierra y el mar y todo lo que realmente pasa me pasa a mí...» (...riflettei che ogni cosa, a ognuno accade precisamente, precisamente ora. Secoli e secoli, e solo nel presente accadono i fatti; innumerevoli uomini nell'aria, sulla terra o sul mare, e tutto ciò che realmente accade, accade a me...»); poi una idea di tempo determinato dalla volontà, in cui il futuro si presenti irrevocabile come il passato; e infine l'idea centrale del racconto: un tempo plurimo e ramificato in cui ogni presente si biforca in due futuri, in modo di formare «una red creciente y vertiginosa de tiempos divergentes, convergentes y paralelos» (una rete crescente e vertiginosa di tempi divergenti, convergenti e paralleli). Questa idea d'infiniti universi contemporanei in cui tutte le possibilità vengono realizzate in tutte le combinazioni possibili non è una digressione del racconto ma la condizione stessa perché il protagonista si senta autorizzato a compiere il delitto assurdo e abominevole che la sua missione spionistica gli impone, sicuro che ciò avviene solo in uno degli universi ma non negli altri, anzi, che commettendo l'assassinio qui e ora, egli e la sua vittima possano riconoscersi amici e fratelli in altri universi.

Il modello della rete dei possibili può dunque essere concentrato nelle poche pagine d'un racconto di Borges, come può fare da struttura portante a romanzi lunghi o lunghissimi, dove la densità di concentrazione si riproduce nelle singole parti. Ma direi che oggi la regola dello «scrivere breve» viene confermata anche dai romanzi lunghi, che presentano una struttura accumulativa, modulare, combinatoria.

Queste considerazioni sono alla base della mia proposta di quello che chiamo «l'iper-romanzo» e di cui ho cercato di dare un esempio con *Se una notte d'inverno un viaggiatore*. Il mio intento era di dare l'essenza del romanzesco concentrandola in dieci inizi di romanzi, che sviluppano nei modi più diversi un nucleo comune, e che agiscono su una cornice che li determina e ne è determinata. Lo stesso principio di campionatura della molteplicità potenziale del narrabile è alla base d'un altro mio libro, *Il castello dei destini incrociati*, che vuol essere una specie di macchina per moltiplicare le narrazioni partendo da elementi figurali dai molti significati possibili come un mazzo di tarocchi. Il mio temperamento mi porta allo «scrivere breve» e queste strutture mi permettono d'unire la concentrazione nell'invenzione e nell'espressione con il senso delle potenzialità infinite.

Un altro esempio di ciò che chiamo «iper-romanzo» è *La vie mode d'emploi* di Georges Perec, romanzo molto lungo ma costruito da molte storie che si intersecano (non per niente il suo sottotitolo è *Romans* al plurale), facendo rivivere il piacere dei grandi cicli alla Balzac.

Credo che questo libro, uscito a Parigi nel 1978, quattro anni prima che l'autore morisse a soli 46 anni, sia l'ultimo vero avvenimento nella storia del romanzo. E questo per molti motivi: il disegno sterminato e insieme compiuto, la novità della resa letteraria, il compendio d'una tradizione narrativa e la summa enciclopedica di saperi che danno forma a un'immagine del mondo, il senso dell'oggi che è anche fatto di accumulazione del passato e di vertigine del vuoto, la compresenza continua d'ironia e angoscia, insomma il modo in cui il perseguimento d'un progetto strutturale e l'imponderabile della poesia diventano una cosa sola.

Il puzzle dà al romanzo il tema dell'intreccio e il modello formale. Altro modello è lo spaccato d'un tipico caseggiato parigino, in cui si svolge tutta l'azione, un capitolo per stanza, cinque piani d'appartamenti di cui s'enumerano i mobili e le suppellettili e si narrano i passaggi di proprietà e le vite degli abitanti, nonché di ascendenti e discendenti. Lo schema dell'edificio si presenta come un «biquadrato» di dieci quadrati per dieci: una scacchiera in cui Perec passa da una casella (ossia stanza, ossia capitolo) all'altra col salto del cavallo, secondo un certo ordine che permette di toccare successivamente tutte le caselle. (Sono cento i capitoli? No, sono novantanove, questo libro ultracompiuto lascia intenzionalmente un piccolo spiraglio all'incompiutezza).

Questo è per così dire il contenitore. Quanto al contenuto, Perec ha steso delle liste di temi, divisi per categorie, e ha deciso che in ogni capitolo dovesse figurare, anche se appena accennato, un tema d'ogni categoria, in modo da variare sempre le combinazioni, secondo procedimenti matematici che non sono in grado di definire ma sulla cui esattezza non ho dubbi. (Ho frequentato Perec durante i nove anni che ha dedicato alla stesura del romanzo, ma conosco solo alcune delle sue regole segrete). Queste categorie tematiche sono nientemeno che 42 e comprendono citazioni letterarie, località geografiche, date storiche, mobili, oggetti, stili, colori, cibi, animali, piante, minerali e non so quante altre, così come non so come ha fatto a rispettare queste regole anche nei capitoli più brevi e sintetici.

Per sfuggire all'arbitrarietà dell'esistenza, Perec come il suo protagonista ha bisogno d'imporsi delle regole rigorose (anche se queste regole sono a loro volta arbitrarie). Ma il miracolo è che questa poetica che si direbbe artificiosa e meccanica dà come risultato una libertà e una ricchezza inventiva inesauribili. Questo perché essa viene a coincidere con quella che è stata, fin dal tempo del suo primo romanzo, *Les choses* (1965), la passione di Perec per i cataloghi: enumerazioni d'oggetti definiti ognuno nella sua specificità e appartenenza a un'epoca, a uno stile, a una società, e così menus di pasti, programmi di concerti, tabelle dietetiche, bibliografie vere o immaginarie.

Il demone del collezionismo aleggia continuamente nelle pagine di Perec, e la collezione più «sua» tra le tante che questo libro evoca direi che è quella di *unica*, cioè di oggetti di cui esiste un solo esemplare. Ma collezionista lui non era, nella vita, se non di parole, di cognizioni, di ricordi; l'esattezza terminologica era la sua forma di possesso; Perec raccoglieva e nominava ciò che fa l'unicità d'ogni fatto e persona e cosa. Nessuno più immune di Perec dalla piaga peggiore della scrittura d'oggi: la genericità.

Vorrei insistere sul fatto che per Perec il costruire il romanzo sulla base di regole fisse, di «contraintes» non soffocava la libertà narrativa, ma la stimolava. Non per niente Perec è stato il più inventivo dei partecipanti all'Oulipo (Ouvroir de littérature potentielle) fondato dal suo maestro Raymond Queneau. Queneau che già molti anni prima, ai tempi della sua polemica con la «scrittura automatica» dei surrealisti scriveva:

> Une autre bien fausse idée qui a également cours actuellement, c'est l'équivalence que l'on établit entre inspiration, exploration du subconscient et libération, entre hasard, automatisme et liberté. Or, *cette* inspiration qui consiste à obéir aveuglément à toute impulsion est en réalité un esclavage. Le classique qui écrit sa tragédie en observant un certain nombre de règles qu'il connaît est plus libre que le poète qui écrit ce qui lui passe par la tête et qui est l'esclave d'autres règles qu'il ignore.

> Un'altra falsissima idea che pure ha corso attualmente è l'equivalenza che si stabilisce tra ispirazione, esplorazione del subconscio e liberazione; tra caso, automatismo e libertà. Ora, *questa* ispirazione che consiste nell'ubbidire ciecamente a ogni impulso è in realtà una

schiavitù. Il classico che scrive la sua tragedia osservan-
do un certo numero di regole che conosce è più libero
del poeta che scrive quel che gli passa per la testa ed è
schiavo di altre regole che ignora. (*Segni, cifre e lettere*)

Sono giunto al termine di questa mia apologia del romanzo come grande rete. Qualcuno potrà obiettare che più l'opera tende alla moltiplicazione dei possibili più s'allontana da
quell'*unicum* che è il *self* di chi scrive, la sincerità interiore,
la scoperta della propria verità. Al contrario, rispondo, chi
siamo noi, chi è ciascuno di noi se non una combinatoria d'e-
sperienze, d'informazioni, di letture, d'immaginazioni? Ogni
vita è un'enciclopedia, una biblioteca, un inventario d'oggetti, un campionario di stili, dove tutto può essere continuamente rimescolato e riordinato in tutti i modi possibili.

Ma forse la risposta che mi sta più a cuore dare è un'altra:
magari fosse possibile un'opera concepita al di fuori del *self*,
un'opera che ci permettesse d'uscire dalla prospettiva limitata d'un io individuale, non solo per entrare in altri io simili
al nostro, ma per far parlare ciò che non ha parola, l'uccello
che si posa sulla grondaia, l'albero in primavera e l'albero in
autunno, la pietra, il cemento, la plastica...

Non era forse questo il punto d'arrivo cui tendeva Ovidio
nel raccontare la continuità delle forme, il punto d'arrivo cui
tendeva Lucrezio nell'identificarsi con la natura comune a
tutte le cose?

Nota bibliografica

Elenco delle edizioni italiane dalle quali sono tratte le citazioni d'autore.

Honoré de Balzac, *Il capolavoro sconosciuto*, traduzione di Carlo Montella e Luca Merlini, Passigli Editori, Firenze 1983.

Roland Barthes, *La camera chiara*, traduzione di Renzo Guidieri, Einaudi, Torino 1980.

Cyrano de Bergerac, *L'altro mondo ovvero Stati e imperi della Luna*, traduzione di Giovanni Marchi, Edizioni Theoria, Roma 1982.

Thomas De Quincey, *Il postale inglese*, traduzione di Roberto Barbolini, Cappelli, Bologna 1984.

Emily Dickinson, *Poesie*, traduzione di Margherita Guidacci, Rizzoli, Milano 1979.

Douglas Hofstadter, *Gödel, Escher, Bach: Un'Eterna Ghirlanda Brillante*, traduzione di Settimo Termini, Adelphi, Milano 1984.

Ignacio de Loyola, *Gli esercizi spirituali*, traduzione di Pio Bondioli, Società Editrice «Vita e pensiero», Milano 1944.

Henry James, *La belva nella giungla*, traduzione di Carlo Izzo, Bompiani, Milano 1980.

Robert Musil, *L'uomo senza qualità*, traduzione di Anita Rho, Einaudi, Torino 1957.

Charles Perrault, *I racconti di Mamma l'Oca*, traduzione di Elena Giolitti, Einaudi, Torino 1957.

Marcel Proust, *Alla ricerca del tempo perduto - La prigioniera*, traduzione di Paolo Serini, Einaudi, Torino 1978.

Raymond Queneau, *Segni, cifre e lettere*, traduzione di Giovanni Bogliolo, Einaudi, Torino 1981.

William Shakespeare, *Romeo e Giulietta*, traduzione di Cesare Vico Lodovici, Einaudi, Torino 1960.

William Shakespeare, *La tempesta*, traduzione di Cesare Vico Lodovici, Einaudi, Torino 1960.

William Shakespeare, *Come vi piace*, traduzione di Cesare Vico Lodovici, Einaudi, Torino 1960.

Jonathan Swift, *I viaggi di Gulliver*, traduzione di Carlo Formichi, Mondadori, Milano 1983.

Paul Valéry, *Monsieur Teste*, traduzione di Giorgio Agamben, Il Saggiatore, Milano 1961.

Paul Valéry, *Varietà*, traduzione di Stefano Agosti, Rizzoli, Milano 1971.

Paul Valéry, *Quaderni*, traduzione di Ruggero Guarini, Adelphi, Milano 1985.

Indice dei nomi

Finito di stampare
il 7 luglio 1988
dalla Garzanti Editore s.p.a.
Milano

59815

LEZIONI AMERICANE
Italo Calvino
4a ed   Garzanti (MI)

17749